MW01232022

Karel Iv, Otec Vlasti: Ku Pětistoleté Památce Jeho Umrtí ......

Josef Kalousek

KAREL IV.
OTÉC VLASTI.

Ku pětistoleté památce jeho úmrti,

jejíž oslava dne 29. listopadu 1878 pojí se s otevřením nového
mostu v Praze,

sepsal

D͟R͟· JOS. KALOUSEK.

Rud. Urbánek

V PRAZE.

TISKEM A NÁKLADEM JOS. R. VILÍMKA.

1878.

DD 165
. K14

INDIANA UNIVERSITY LIBRARY

4-13-70

Slavné radě městské

královského hlavního města Prahy,

nejzasloužilejší po Karlovi IV. pokračovatelce

VE ZVELEBOVÁNÍ PRAHY,

hlavy a sídla království Českého,

věnováno.

Předmluva.

Čechové letos na mnohých místech slavným způsobem připomínají sobě památku nejlepšího krále svého, jenž před pěti sty lety, připraviv království svému zlatý věk, rozloučil se s ním. V hlavním městě, kteréž působením Karla IV. zasloužilo sobě názvu Zlaté Prahy, připadá tato upomínka do doby, ve které pracuje se o okrášlení a zvelebení jeho s větším úsilím, nežli se dálo kdykoli za minulého půl tisíce let buďsi od správy městské nebo od vlády zemské. Sama oslava dne 29. listopadu významně spojuje se s dokonáním a otevřením nového kamenného mostu přes Vltavu, kterýž náleží k nejkrásnějším stavitelským ozdobám jak hlavy a sídla tak i celého království Českého. Volená správa hlavního města, ač hlavy i členové její se mění, již po osmnáct let jde v těch věcech jednostejně za snahou ušlechtilou s výsledky tak zdarnými, že by Otec Vlasti, kdyby povstati mohl ze hrobu, zajisté se zalíbením patřil na díla svých pozdních pokračovatelů.

Dotčená památka, kterou letos slavíme, vybízela k novému vypsání života a působení Karlova. Tento úkol jest nyní jednak snadnější, ježto vydány jsou výtahy všech povědomých listin Karlových, a důkladnými pracemi p. prof. Tomka doba Karlova v Čechách nabyla nového světla; — jednak Čechovi jest i velice příjemný, když může oznamovati krajanům potěšitelnou zvěst, že již přestává zaslepené tupení a lání, ve kterém si Němci skrze čtyři sta let libovali naproti našemu nejzasloužilejšímu králi, a že naši sousedé při bedlivějším studii dějin doby Karlovy již počínají uznávati výtečné panovnické úmysly a skutky svého císaře.

Abych přehledně a názorně vylíčil život, působení a povahu Karla IV., jakož i abych vyložil tuto radostnou proměnu v úsudcích o něm, k tomu cíli rozdělil jsem vypravování své ve dva díly.

V první polovici vypisuje se život a činnost Karla IV. v pořádku časovém. K úplnosti v tom nehleděno (neb ku plnému vypsání panování Karlova bylo by potřeba spisu o několika hrubých svazcích), než toliko k tomu, aby zajímavé a důležité skutky postaveny byly do náležitého světla; toliko mladším letům, kdy Karel ještě nevynikal v dějinách země, věnována byla pozornost co možná do podrobna, aby dolíčil se vývoj povahy a docílila se souměrnost v životopise; šloť tu o osobnost, pročež dějin země všímáno si jen potud, pokud bylo třeba k vyložení působnosti Karlovy.

Druhá polovice obsahuje rozpravy a úvahy o životě a působení Karla IV., zejména o takových kusích, jejichž výklad nedobře by bylo roztřišťovati mezi jinými příběhy podle let, ale s prospěchem lze jej podati v souvislosti věcné. Zvláště vynasnažil jsem se, abych pokud možná podrobně vylíčil osobní a panovnickou povahu Karlovu.

Co se citování týče, pomíjel jsem dovolávati se dokladův skoro všude tam, kde snadno najdou se nahlednutím ku příslušnému datu v Palackého Dějinách anebo v Regestech Böhmerových od Hubera vydaných. Doklady cituji, kde hledání bylo by méně snadné.

V PRAZE v listopadě 1878.

Spisovatel.

Přehled obsahu.

Úvahy a rozpravy o životě a působení Karla IV.
str. 119—216.

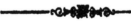

Opravy.

Str. 34, řádek 14. shora, místo *toho roku* čti *předešlého roku*
„ 58, „ 10. shora, „ *Etvile* čti *Eltvile.*
„ 78, „ 7. zdola, „ *Snojma* čti *Smojna.*
„ 158, „ 4. zdola, „ *419* čti *410.*

Pr
Ja
pr
to
Č
ne
v
b
n
ž
s
a
ž
l

Životopis Karla IV.

Dne 14. května 1316 večer narodil se v městě Pražském *Vácslav*, prvorozený syn krále Českého Jana a královny Elišky Vácslavovny, jenž později proslul pode jménem *Karel*, jakožto král Český toho jména První, jakožto císař Římský toho jména Čtvrtý. Z narození králevice byla radost obecná; neb královští manželé byli již na šestý rok spolu v manželství, a dotud neobdrželi syna; již r. 1313 byli obdařeni dcerou Markétou, a když r. 1315 narodila se jim druhá dcera Guta, lid k nemalé žalosti královny Elišky jal se reptati, očekávav a žádostiv jsa obdržeti mužského dědice, v němž by starý rod Přemyslovicův, po meči vyhynulý, mohl aspoň po přeslici býti na trůně zachován. Vytoužený králevic byl o Svatém Duše dne 30. května 1316 v basilice Svatovítské pokřtěn s velikou slavností a za radostného pokřikování a jásotu všech přítomných. Křestný obřad konal arcibiskup Petr Mohučský, jemuž jakožto metropolitovi této země museli té přednosti dopřáti Balduin arcibiskup Trevirský (strýc krále Jana, bratr někdy císaře Jindřicha VII.), i biskup Pražský Jan z Dražic; krom těch byl křtu přítomen též Heřman biskup Prizrenský. Jméno Vácslav dáno princi netoliko z úcty k svatému patronu českému, ale i k upomínce na slavného děda křtěncova, krále Vácslava

II. († 1305), jehož šťastné panování bylo u Čechů v blahé a vděčné paměti.[1])

Narození prvorozence Janova bylo svého času také jedinou potěšitelnou událostí v Čechách, neboť právě v těch letech ve správě veřejné vznikal úpadek a rodila se zhouba, ze které království České již nemělo se povznésti než teprv až týž králevic, dojda k letům, mohl se uvázati ve správu jeho. Již r. 1315 vznikly *různice* mezi panstvem a u dvora samého, kteréž měly v zápětí opětovné domácí války, a došly po třech letech jistého zakončení toliko zhoršením a utrvalením všech těch neřestí a zlořádů, ze kterých pošly.

Komora královská již z let 1305—1310 zavalena byla velikými dluhy, a statky její, té doby hlavní základ moci panovnické v Čechách, dostaly se namnoze v užívání panstva; původem toho byly jednak války a nehospodárnost krále Vácslava III. († 1306), jednak trojí volba krále (Rudolfa Rakouského, Jindřicha Korutanského a Jana Lucemburského), při čemž každý kandidát trůnu musel příznivcům svým se odměňovati a dílem ponechávati jim, co kdo v boji proti předešlému králi z majetku královského uchvátil. Dvůr královský octil se brzo ve hmotné nouzi, když pan Jindřich z Lipé, přijat jsa od devatenáctiletého krále Jana

---

[1]) Že dvůr chtěl tím jménem zavděčiti se lidu českému, toho můžeme se domysliti i ze sporu, jenž vznikl o dvě leta později, když r. 1318 narodil se druhý syn krále Jana; velmoži, kteří tomuto dítěti stáli za kmotry, byli dílem Němci od Rýna, dílem Čechové; onino chtěli, aby druhorozený princ obdržel jméno Jindřich po svém císařském dědovi, Čechové pak stáli na tom a dosáhli toho, že dáno mu jméno Přemysl, ježto prý náleží králům českým. Chronicon Aulae Regiae, pars I. cap. 110, 126; pars II. cap. 5.

za vládaře (1315), jal se panovati místo něho, rozchvacoval s přáteli svými i další statky královské, a hojných důchodů královských z kvetoucích tehdáž dolů Kutnohorských užíval téměř venkoncem na účet dluhův, jež sobě on a přátelé jeho počítali za komorou. Druhá strana panstva českého, v jejímž čele stál pan Vilém Zajíc z Waldeka, mohla s přesvědčivým zdáním vlastenectví ukazovati na nesnesitelnost tohoto nehodného stavu vlády, ač i té straně v pravdě sotva šlo o něco jiného, než aby sama dostala se v místo a v moc strany Lipské. Když dvůr z návodů takových chtěl se zbaviti pana Jindřicha z Lipé, strana Lipská zdvihla proto na podzim 1315 válku proti králi, která na jaře 1316 se zastavila prostředkováním dotčených dvou arcibiskupů kurfirstů; bylť je sem povolal král sobě ku pomoci, a oni tou příležitostí oslavili křest jeho prvorozence. Narovnání, o které se jednalo, nedocíleno, poněvadž páni ani jedné ani druhé strany nechtěli vydati statkův královských, jež král pod neznámými výminkami nazpět požadoval. Pročež válka domácí na jaře 1317 se obnovila.

Vinny byly všechny strany, netoliko panstvo sobectvím svým, ale i král projevovanou již nehospodárností a neláskou ku království i k rodině své; zuřilť ve vlastní zemi jako nepřítel proti ubohému lidu po vesnicích, jehož vrchnostem chtěl se vymstiti za odboj. Ani králová Eliška, kteráž ze všech vynikajících tehdáž osobností nejvroucnější láskou lnula k zemi otců svých a hrnoucí se zkázu její asi nejbolestněji cítila, neuchránila se úhony v těch zmatcích. V nepřítomnosti manžela majíc svěřenu sobě vládu v zemi, a spravujíc se radou několika německých rádců z ciziny,

1*

dala na jaře 1317 najímati cizí žoldnéře ze sousedních zemí proti straně Lipské; dle letopisce Petra opata Zbraslavského, rodilého Němce a nejupřímnějšího ctitele Elišky, byla to chyba a neprozřetelnost, a dle vědomostí našich jest to jediná tragická vina, jediná skvrna ve šlechetné povaze ubohé královny. Nevázanost a ukrutenství cizích žoldnéřů byly v Čechách z času Jindřicha Korutanského ve zlé paměti; nyní objevení se jich bylo popudem, aby strana Zajícova přiblížila se ke straně Lipské, a když potom král Jan užil cizího vojska k dotčenému hubení země, tu již veškero panstvo zdvihlo se proti králi a jalo se jednati s Fridrichem Rakouským králem Německým, aby Jindřich Korutanský byl opět uveden do Čech za krále. Ludvík Bavor, druhý král Německý, poněvadž odboj panský proti domu Lucemburskému i jeho samého počal se dotýkati, k žádosti krále Jana zprostředkoval smír na sněmu v Domažlicích 23. dubna 1318, a to smír takový, jakého si přálo panstvo: statky královské zůstaly v rukou pánů, a náčelníci odboje, pánové Jindřich z Lipé a Vilém Zajíc, dosazeni jsou k nejdůležitějším úřadům.

Jak veliká byla mravní pohroma, kterou tímto výsledkem tříletých nepokojů utrpěla důstojnost královská, tak těžká byla i hmotná ujma, která tu byla zpečetěna na škodu komory královské i hospodářství státního vůbec. Nad to král, jehož rozmysl dotud nebyl vyvinut aniž charakter ustálen, rozmrzel se ano téměř zanevřel na království České, a povaha jeho obrátila se rozhodně a navždy ke zlému. Od té doby neměl zde stání, k nikomu neměl zde důvěry leč k těm, kdož vášním jeho nadržovali, a hleděl jen vnitřní rozháranost svou utápěti v kratochvílích a dobrodružstvích. Král se zkazil a společně s panstvem kazil království své.

Králevic Vácslav v těch letech byl chován na různých místech v Čechách, a strastné běhy tehdejší tomu chtěly, že namnoze postrádal osobního dohledu matky. V měsíci září 1316 bylo čtyrměsíční dítě zavezeno z Prahy na hrad Křivoklát a tam půl leta chováno pod opatrováním pana Viléma Zajíce; tento pán času toho stál v největší přízni u dvora, ačkoli držel více statků královských (mezi nimi právě také Křivoklát), nežli sám Jindřich z Lipé, proti němuž se z té příčiny válčilo. V březnu 1317 byl Vácslav přivezen z Křivoklátu do Prahy k matce; ale když brzo potom vzplanula domácí válka znova, královna aby nemusela se takovému zlu dívati, odjela 20. června 1317 v průvodě pana Viléma Zajíce s Vácslavem i s dcerami Markétou a Gutou z Prahy na hrad Loket, v jehož věnném užívání se nacházela. Královské děti zůstaly na Lokti asi tři leta, matce však bylo dáno jen málo u nich pobývati. Starajíc se vedle nerozmyslného manžela o zachování trůnu svému rodu, odjela s ním uprostřed listopadu 1317 z Lokte do Prahy, pak do Brna, a opět do Prahy, až teprv 22. března 1318 mohla odtud vypraviti se k dítkám do Lokte. Ale již po měsíci nacházíme ji na důležitém sněmu Domažlickém, pak s králem v Praze a na Zbraslavi, aby tam ve výroční den umrtí svého velikého otce (21. června) u jeho hrobu lkala nad uvadlou s ním slávou a velikostí království svého. Když pak 22. listopadu 1318 obdařena byla v Praze druhorozeným synem Přemyslem, spěchala nepochybně hned po šestinedělí ke svým třem dítkám do Lokte. Sotva že se vzdálila, strojil se v Praze rozbroj ošklivější možnoli všech předešlých.

Přátelství mezi pány Jindřichem z Lipé a Vilémem Zajícem netrvalo dlouho. Pan Jindřich, chtěje vladařiti sám, dovedl vlouditi se v důvěru lehkomyslného krále a vypuditi z jeho milosti n etoliko soupeře svého pana Viléma, ale i královnu Elišku, v jejíž rozumnosti a vlivu na krále právem spatřoval hlavní překážku svých sobeckých zámyslů. Panu Jindřichovi z Lipé podařilo se namluviti králi, že nesluší se jemu přijímati radu od ženy, zvláště když prý královna obmýšlí připraviti jej o trůn a vydati staršího syna Vácslava některým pánům za krále, aby vladařili jeho jménem; čímž zřejmě ukazováno na pana Viléma Zajíce jakožto na vyhlednutého vládaře. Král uvěřiv těm lstivým řečem, přijel někdy v prvních měsících 1319 s brannou družinou na hrad Loket; tam hned nařizoval, aby mu byly věže postoupeny k osazení jeho lidem, a když posádka královnina překvapená zdráhala se odejíti, dal do ní stříleti. Královna poděšená třeštivým jednáním manžela. postoupila mu nazejtří hradu a odstěhovala se skormoucená na Mělník, do věnného města svého. Tři dítky své musela královna zůstaviti na Lokti; Vácslav, robátko tehdaž sotva tříleté, byl prý tam po dva měsíce chován ve tmavém sklepení, do kterého přicházelo světlo toliko malým otvorem. Potom pobyl ještě jeden rok na tom hradě, ač již ne ve vězení, ale vždy prý ještě v zajetí.[2] V tom čase, na podzim 1319, zahynul pan Vilém Zajíc z Waldeka na vojenské výpravě, načež hrad Křivoklát od něho zadržovaný vrátil se neznámým spůsobem

---

[2] Beneš in Scr. r. Boh. II. 241.

v moc krále; na tento hrad královský byl potom
přivezen králevic Vácslav a tam nejspíš po tři
leta chován až do jara 1323.³)

Královna Eliška přebývala v těch letech vět-
ším dílem na Mělníku, někdy také v Praze, až
v srpnu 1322 vystěhovala se do Bavor, prchajíc
před svým mužem. Ztratilť král Jan po pohoršli-
vých výstupech v Lokti 1319 dokonce všechnu
mravní rovnováhu, a oddával se tělesným rozko-
šem, hře v kostky, kratochvílím rytířským, vůbec
životu mrhavě prostopášnému a dobrodružně tou-
lavému. Jak málo tu mohlo býti shody a lásky
mezi královskými manžely! Nastalo-li pak časem
nějaké sblížení, tu královna Eliška vždy hleděla
působiti na muže svého, aby žil spořádaně a za-
vedl lepší hospodářství jmenovitě také shromaž-
ďováním statků královských na ten čas rozptýle-
ných. Takovéto rady a návody však protivily se
některým pánům, kteří získali si důvěru krále a
ze špatnosti jeho těžili pro sebe, vladaříce na
místo něho. Nenávist a pletichy jejich proti krá-
lovně dostoupily té míry, že ubohá Eliška, obá-
vajíc se o svůj život, utekla se svou desítiletou
dcerou Markétou do Bavor, kdež přebývala nej-
prve u jejího manžela a svého zetě Jindřicha vé-
vody Bavorského na Landshutě, později pak v Koubě
blíže hranic českých. Král Jan zabavil uprchlé
manželce své všeliké důchody v Čechách a za-
stavil je svým milcům z panstva nebo věřitelům,
tak že královna Česká musela v Bavořích tráviti
dílem z podpory tamějších příbuzných svých, dílem
pak na dluh. Teprva na počátku r. 1325 vrátila

³)Chr. Aulae R. p. III. c. 1; — Pulkava in Dobneri
Monum. III. 278.

se do Čech, prvorozence svého Vácslava však již více nespatřila.

Králevic Vácslav byl dne 4. dubna 1323 k nařízení otcovu vezen z Čech *do Francie*, aby tam byl vychováván u dvora královského. Tehdejší král Francouzský Karel IV. (1322—1328) byl minulého roku pojal za manželku Marii, sestru krále Českého Jana, kteráž před tím po čtyři leta (1318—1322) přebývala v Čechách u své švakrové královny Elišky. Přišel tedy Vácslav na vychování ke své tetě, kterou znal již z Čech. Také nebylo to poprvé, že princ Lucemburský dán byl na vychování ke dvoru francouzskému, naopak, takový byl zvyk v tom rodě. V Paříži u dvora královského obdržel vycl ování i Vácslavův otec král Jan, i děd císař Jindřich VII. strýc jeho arcibiskup Balduin Trevirský studoval sedm let na universitě Pařížské, kterou prý navštěvoval také král Jan.[4]) A při všech těchto okolnostech, podle kte-

---

[4]) Joh. Schötter, Johann Graf von Luxemburg und König von Böhmen, I. p. 42, 45, 58. Dle podrobného líčení tohoto svědomitého dějepisce není o tom pochyby, že *rod Lucemburský byl toho času polofrancouzský a polonémecký*, dle jazyka víc francouzský než německý. Obyvatelstvo bývalého hrabství Lucemburského bylo a jest francouzské na jihu (nyní pod vládou francouzskou) i na západě v podíle nyní belgickém, a zase německé v podíle nyní hollandském. Soud panský toho hrabství (siége des nobles) úřadoval francouzsky. V témž jazyce zdělávaly se tam mnohé listiny veřejné (vedle latinských), německých však za onoho času není tam viděti; i rodinné smlouvy krále Jana se syny bývaly francouzské. Princové byli dáváni do Paříže na vychování a brali si za manželky šlechtičny francouzského jazyka z okolních zemí; matka cís. Jindřicha VII. byla Beatrix d'Avesne, manželka jeho a krále Janova matka Markéta Brabantská; za panování Janova byly uzavřeny čtyři

·rých poslání Vácslava do Paříže nebylo nic neobyčejného, přece v Čechách se mluvilo i věřilo, že král Jan odstranil svého prvorozence z království zase z obavy, aby páni nezmocnili se dědice trůnu a neučinili ho králem proti Janovi. Nechť tato domněnka o strachu králově byla r. 1323 třeba zcela lichá, nacházela přece oporu jak v tom, co r. 1319 předcházelo, tak i v tom, co potom r. 1335 následovalo. Petr opat Zbraslavský, jenž ty lidské řeči uvádí, ale mnoho na ně nedává, činí k nim zbožnou poznámku, že Vácslav, pachole dobrých vloh, spíše „řízením božím proto byl poslán do Fraucie, aby se tam naučil moudrosti a vésti život spořádaný." Úvaha tato zasluhuje našeho pozoru i souhlasu. I my musíme v tom spatřovati největší štěstí, že Vácslav v chlapeckých letech byl vytržen z tehdejších Čech a dán na vychování do Francie. Zde doma sotva by povaha jeho byla mohla k dobrému prospívati,

---

vzájemné sňatky mezi královskými rody francouzským a lucembursko-českým. Stálým sekretářem a dvorským básníkem krále Jaua v letech 1316 až 1846 byl Guillaume de Machaut rodem ze Champagne, jenž doprovázel krále na všech cestách a francouzskými básněmi velebil vlastnosti jeho, které dvořanům královým ovšem byly tak výnosné a milé jako království Českému zkazonosné a hrozné; viz o něm K. Jirečka v Č. Č. M. 1878,78. — I v ohledu statoprávném hrabata Lucemburští kolísali mezi Německem a Francií, ač zde zase naopak svazek s říší Německou měl převahu. Jindřich potomní císař sám r. 1294 dal se i se svými dědici v manství koruny Francouzské, kterýžto závazek r. 1305 obnovil; ale vedle toho holdoval také r. 1295 králi Německému Adolfovi jakožto man říše Německé, a obdržel od něho nové výsady, jež mu r. 1298 potvrdil král Albrecht; starobylá spojitost hrabství Lucemburského se říší podržela pak vrch i na další věky.

když by, bera rozum, byl znamenal stálý rozbroj mezi rodiči, viděl vrchovatou zlovládu v zemi, spatřoval otce jenom při vydírání peněz, slyšel o něm proklínání od lidí, a vydán byl úskokům panstva, které by ze zištnosti kazilo jeho jako zkazilo krále Vácslava III. i Jana. Naproti tomu u dvora francouzského mohl pod laskavým vedením příbuzných všemu dobrému se přiučiti. Kráčelať Francie již tehdáž v čele civilisace; odtamtud vycházely netoliko módy a spůsoby rytířské, ale i popudy umělecké i vědecké, pokroky společenské i politické. Líc i rub civilisace soustřeďoval se v Paříži tehdáž jako i podnes; a jako nyní hledá a nalezá tam jeden pusté rozkošnictví, druhý praktická zařízení, třetí vznešené ideály, každý to po čem sám touží, podobně bylo i ve 14. věku: Jan přiučil se v Paříži rytířské dobrodružnosti a lehkomyslné rozmařilosti, na kterou důchody jeho nestačily a pod kterou království jeho hynulo; Vácslav pak naučil se tam pořádku a hospodárnosti, naučil se peněz slušně dobývati a jich k dobrému užívati, naučil se všímati sobě všeho a pěstovati vše, co by mohlo sloužiti ke zvelebení království jeho. Tento blahodějný účinek pobytu Vácslavova nad Sequanou jest zjevný a nepochybný, ačkoli o spůsobu jeho tamějšího vychovávání jsme v podrobnostech nedostatečně zpraveni.

Králevic Vácslav byl brzo po svém příchodu do Francie biřmován, a to od samého papeže Jana XXII., jenž sídlil v Avignoně. Slavnost ta konána v staropamátném kostele sv. Diviše (St. Denis) u Paříže, kdež jsou hroby královské. Král Francouzský Karel IV., jenž při tom nejspíš stál za kmotra, dal biřmovanci svoje jméno; a poněvadž křestné jeho jméno *Vácslav* bylo Francouzům ne-

obvyklé, nazývali králevice českého již nejinak
než *Karel*, kteréž jméno jemu potom zůstalo
navždy.

Zároveň jednalo se o sňatek králevice če-
ského s Markétou příjmím *Blankou*, sestřenicí
krále Francouzského Karla IV., sestrou Filipa
z Valois, potomního krále Francouzského. Již dne
5. dubna 1323, tedy hned jak Vácslav byl vezen
z Čech do Francie, dával papež Jan XXII. z Avi-
gnona k žádosti Blančina otce svolení, aby sňatek
králevice Vácslava s Blankou posvěcen byl v ne-
děli 8. května 1323, kdy zároveň mělo se slaviti
korunování Marie za královnu Francouzskou. Teta
Vácslavova Maria byla korunována v Paříži o
týden později, o Svatém Duše 15. května 1323,
u přítomnosti krále Jana Českého; byl-li králevic
Vácslav-Karel téhož dne s Blankou oddán, aneb
stalo-li se to něco později, toho nelze z nynějších
pramenů na jisto rozsouditi. Toliko se ví, že
sňatek slaven byl r. 1323 nebo 1324, a že to
byla skutečná kopulace, nikoli pouhé zasnoubení,
ač novomanželé oba byli děti asi sedmileté.

Královna Maria měla Vácslavovi býti druhou
matkou; ctihodný Petr opat Zbraslavský, jemuž
ona za pobytu svého v Čechách svěřovala se s ta-
jemstvími svými, chválí nemálo její rozumnost a
jiné ctnosti, asi tak jako u královny Elišky. Ne-
bylo však Vácslavu-Karlovi dáno, těšiti se dlouho
z dozoru laskavé tety; zemřelať již dne 25. března
1324. Po pohřbu jejím přikvapil král Jan do Pa-
říže, aby se svatem svým králem Karlem oslavil
exequie za zesnulou sestru. Králevic Vácslav uvi-
děl tedy otce svého ve Francii již podruhé a potom
ještě několikrát. Když král Karel oženil se opět,
a nová královna Francouzská byla v Paříži 11. května

1326 korunována, dostavil se i král Jan k těm
slavnostem s četnou družinou, a vyznamenal se
jak obyčejně netoliko při turnajích, ale i rozha-
zováním peněz, však ne z hotového, nýbrž na
dluhy, jež Čechy měly zaplatiti. Pak dne 31. ledna
1328 zemřel král Francouzský Karel IV., nezane-
chav přirozeného dědice; pročež na trůn dosazen
jest bratranec jeho Filip VI. již dotčený bratr
Blanky; to dalo podnět k nekonečným válkám
francouzsko - anglickým, poněvadž král Anglický
Eduard III. počítal si právo k trůnu francouzskému
jakožto syn Isabelly, sestry předešlých tří králů
Francouzských. Když Filip z Valois byl dne 29.
května 1328 v Remeši korunován, král Jan zase
nemohl scházeti při těch slavnostech nad obyčej
skvělých; trvalyť čtrnácte dní. Že králevic Vácslav
byl též v Remeši přítomen, aby viděl vrchol nád-
hery francouzské, to není sice zaznamenáno, ale
můžeme se toho na jisto domýšleti; konalť Vácslav
i jiné cesty se dvorem královským; zejména byl
také ve městě Amiens, když tam 6. června 1329
král Anglický Eduard III. králi Francouzskému
Filipovi VI. činil přísahu manskou za vévodství
Guiennské.[5]) V celku přebýval Vácslav dvě leta
na dvoře krále Filipa, svého svata.

O vlastním vychování a vyučování Vácslava-
Karla v Paříži nemáme skoro jiných zpráv, než
co on sám ve svém životopise o tom poznamenal;
a to týká se nejvíce věcí nábožných. Vychovatelem
jeho v prvních letech byl kněz, jejž on jmenuje
svým kaplanem; tomu nařídil král Karel Fran-
couzský, aby našeho králevice vzdělával v umění
literním, ačkoli týž král sám prý neuměl čísti. „Teda

---

[5]) Pelzel, Karl IV. I. 22, II. 930.

učil jsem se (dí Vácslav - Karel) čísti hodinky k Panně Marii, a srozuměv jim poněkud, čítal jsem je rád za svých pacholetských let každodenně; neboť pěstounům mým bylo od krále nařízeno, aby mne k tomu povzbuzovali." Rozumí se samo sebou, že současně učil se nejen řeči francouzské, kterou celé okolí jeho mluvilo, ale i latinské, ve které čítal hodinky a jejíž známost náležela k samým počátkům literního vzdělání.

V posledních dvou letech pobytu Vácslavova v Paříži byl jeho předním učitelem muž znamenitý, jenž tehdáž měl na mysl a srdce královice českého vliv tak veliký a rozhodný, jako později na zevnější osudy jeho. Byl to jeden z dvořanův a rádcův krále Francouzského Filipa, benediktin *Petr Roger*, rodem z Limousin-a, do r. 1328 opat Fiskanský (Fécamp). Slavný vrstevník jeho Petrarka nazývá ho nejučenějším a nejvýmluvnějším mužem Francie; Vácslav byl jeho výmluvností hned na první ráz unešen ano takořka do vytržení uveden, což nám zároveň svědčí o vnímavosti a duševné vyvinutosti, která u chlapce nedocela dvanáctiletého jest zajisté neobyčejná. Vypravujeť o tom sám, kterak když Petr na popeleční středu 17. února 1328 v kostele kázal, Vácslav se zalíbením poslouchal jeho, a patře upjatě na něho, rozjímal u sebe, řka: „Čím jest to, že taková milost z toho člověka vlévá se ve mne?" Od té chvíle Vácslav oblíbil si opata Petra, hleděl seznámiti se s ním blíže, čehož ovšem snadno dosáhl; a jako sám k němu lnul, obdivuje se jeho moudrosti, výmluvnosti, vzdělanosti a mravopočestnosti, tak i Petr zamiloval si Vácslava a pečoval o něho otcovsky. Jaké bylo vyučování a vychovávání, jehož se dostalo Vácslavovi od tohoto mnicha-dvořenína, o tom zase nepoznamenal nic jiného, než že byl od něho vyučován ve svatém písmě. Avšak že Petr měl veliký a trvalý účinek na rozum i srdce Vácslavovo, i že jej poučoval také o mnohých jiných věcech, které budoucímu panovníkovi byly důležité, o tom nemůže býti pochybnosti jak dle přítomného vlastního vypravování králevicova tak i dle potomních důležitých styků mezi těmi dvěma osobami. Tak souditi dlužno i z povahy Petra Rogera, v němž církevník a státník srostli v jedno; onť jednak službami politickými u dvora francouzského dosáhl vysokých důstojenství církevních, (stalť se hned r. 1328 biskupem Arraským, 12. pros. 1329 arcibiskupem Sens-ským, 17. pros. 1330 arcibiskupem Rouenským), jednak pak, dosedna konečně na stolici papežskou, mocí církevní působil silně na běhy politické. Jako není pochyby, že Petr Roger utvrdil Vácslava-Karla v nábožnosti a ve směru církevním, tak lze také se domysliti, že pěstoval jeho rozhled v politice a ve státnictví.

K těmto věcem jevil králevic český již v Paříži nemalou chápavost a soudnost. Zapamatovalť si v těch chlapeckých letech a zapsal později, kterak král Karel, ujec jeho, užíval rady dobré, a kterak jeho dvůr skvěl se shromážděnými při něm kmety, velmoži světskými i duchovními; naproti tomu král Filip podržel prý sice rádce svého předchůdce, ale radami jejich se nespravoval. Tu zasluhuje povšimnutí a uvážení, že mladý králevic o obou králích, u kterých ve Francii bydlel, připomíná, jaké rádce měli a jak se k nim chovali; patrnoť, že již tehdáž přišel k určitému poznání, kterak jest to první povinnost monarchy, aby sobě dobré rádce vyhledal a jich radou skutečně se spravoval, — povinnost to nejprimitivnější a zároveň nejvyšší, na níž visí dobré i zlé v monarchii, povinnost, jejíž vyplnění vyváží všechny vady panovníka, a jejíž nevyplnění zmaří ctnosti jeho.

Také již v těchto letech naskytla se Vácslavovi první a dosti podivná příležitost ku praktickému zakročení do záležitosti potitické. Když král Jan v prvních měsících 1329 nacházel se na křížovém tažení proti Litvanům, měšťané Zhořelečtí v Lužici, těžce nesouce zánovní nad sebou panství Jindřicha vévody Javorského, vyslali k Vácslavovi do Francie posly s prosbou, aby jakožto dědic trůnu se jich ujal a je přinavrátil ku království Českému, od kterého někdy věnem odcizeni byli. Mladý dědic, uživ prý rady starých, přijal od poslů přísahu věrnosti, a odevzdal město Zhořelec jakožto prvotinu svého panování v ochranu svého otce. Král Jan v měsíci květnu 1329 skutečně smluvil se o to město s jeho dosavadním držitelem a uvázal se v ně.

Dle některých ale nespolehlivých zpráv navštěvoval Vácslav také přednášky v universitě Pařížské; což by mohlo platiti jen o posledních letech jeho tamějšího pobytu.[6] Ostatně při nedostatku souvěkých zpráv můžeme toliko z blahodárného ovoce souditi, že v Paříži v mysl mladistvého králevice zaseto bylo semeno mnohé a rozmanité a vesměs výtečné, i že v ní našlo půdu úrodnou.

Na jaře 1330 králevic Vácslav opustil dvůr francouzský, ubíraje se s manželkou svou Blankou do Lucemburka. Zdá se, že král Filip nechoval se vždy k němu tak laskavě jako dříve král Karel;

[6] Doklady sestavil Pelzel, K. Karl I. 18, II. 929.

ten rozum nejspíš mají slova Vácslavova, že Karel
nebyl lakomý na peníze, ale Filip že oddal se
lakomství; také dle vlastního výroku Vácslavova
byl to Filip sám, jenž odeslal našeho královice
i s Blankou svou sestrou od svého dvora do Lu-
cemburka. Král Jan nacházel se v dubnu 1330
v tomto dědičném hrabství svém, když tam prvo-
rozenec jeho přišel; otec po shledání se synem
a se snachou odebral se brzy jinam za záležitostmi
politickými, ale královic Vácslav, jehož se sou-
věkými Čechy budeme již nazývati Karlem, zůstal
v Lucemburku skoro celý rok.

U krále *Jana* ve vnitřní správě Čech a Mo-
ravy najde se málo skutků, které by zasluhovaly
chvály; ale jinak proslul on ve světě jakožto pa-
novník znamenitý. On království Českého nemilo-
val (tuším hlavně z příčiny událostí z let 1315
až 1318, nahoře vyložených), a nevážil si ho jinak
než jakožto vydatné studnice důchodův, jež zde
vymáhal spůsoby týravými a nepočestnými; ale
důchodů těchto užíval netoliko k ukojení svého
rozkošnictví a své marnivosti, nýbrž i ku připra-
vování vážných účelů politických. V českých ze-
mích po rozptýlení majetku komorního dožadoval
se berně za berní, ukládal daně nebývalé, záko-
nitou berni na vdávky dcer vymáhal hned po
jejich narození, i zhoršil minci na škodu všech
stavů, zvláště pak sužoval stav duchovní a městský:
klášterům opětovně odnímal statky, domy ducho-
vních dával drancovati, a vymohl si na papeži
povolení k vybírání desátku z beneficií duchovních
po tři leta, jejž pak vynutil všechen najednou
napřed; měšťanům ukládal daně a nucené půjčky
dle líbosti své, jednou vymáhal desátý díl peněz
ode všech, jindá dal měšťany vězniti a mučiti,

aby vynutil od nich peníze; ale penězi takto vy-
dřenými netoliko platil dluhy, do kterých jej při-
vedla marnotratnost, nýbrž stále rozmnožoval také
své zděděné hrabství Lucemburské, a to dílem
koupěmi, dílem válkami, jež tam často vedl s roz-
ličnými sousedy. Čechové ho proklínali, a přijíž-
děl-li po čase z ciziny do země, nastávalo obecné
zděšení, neboť se vědělo, že přichází jen pro pe-
níze; ale v cizích zemích byl ctěn a vážen. Vrchní
správu Čech, a rovněž tak Moravy, svěřoval na
svém místě vždy některému velmoži; tito bejtmané
zemští byli vlastně nájemníci běžných důchodů
královských, z nichž museli za králem posílati
smluvené summy peněz, a péče jejich, jako kaž-
dého pachtýře, směřovala předkem k tomu, aby
se ziskem vytěžili, co odvésti měli. Podobně
s městy a hrady královskými dostaly se soudy
krajské do rukou soukromých, a nakládáno s nimi
jako s pouhým pramenem důchodů královských;
zástavní držitelé jejich nehleděli k ničemu jinému,
než aby co nejvíce pokut pro sebe vybrali, za to
pak nepodroboval se těmto soudům, než kdo pro
slabost svou musel; tudy v letech 1319—1333
znenáhla pominula všechna bezpečnost práva, sou-
kromé války a roty loupežnické hubily zemi, na-
stávala anarchie. Ale při vší neschopnosti krále
Jana ke spořádané správě Čech a Moravy on přece
zase rozšiřoval stát Český, a bedlivě pečoval o
povýšení a rozmnožení moci rodu svého: získal
Chebsko ve stálou zástavu od říše Německé (1322),
zjednal si část Lužice, potahoval knížectví Slezská
ve svazek manský s korunou Českou, sáhal po
koruně Polské, a strojil zřízení Lucemburské se-
kundogenitury v zemích Alpských. Za tímto ro-
dinně-politickým účelem, svědčícím o bujaré po-

2

dnikavosti původce svého, nacházel se král Jan
v Tyrolu, když manželka jeho královna Eliška,
dávno zanedbávaná od muže svého, dosoužila se
smrti uprostřed zbědovaného království, skonavši
na Vyšehradě dne 28. září 1330.

Vojvoda Jindřich Korutanský, někdy král Český
Janem vypuzený, zůstával bez mužského potomstva,
a dcera jeho Markéta příjmím Maultasch měla po
něm děditi země jeho, totiž vojvodství Korutanské,
hrabství Tyrolské a zástavné panství v Krajině.
Z té příčiny král Jan hleděl záhy smířiti se s tímto
bývalým sokem svým, a dosáhl toho již r. 1324;
nyní pak na podzim 1330, za přítomnosti krále
Jana v Tyrolu, byl jeho mladší syn Jan Jindřich,
tehdáž osmiletý, oddán s Markétou a spolu s ní
vyhlášen a uznán za dědice jmenovaných zemí.

Když potom král Jan meškal v Tridentě, na-
manula se jemu příležitost, aby zjednal si *panství
v Italii*. Přišliť k němu do Tridentu poslové města
Brescie, žádajíce ho za ochranu proti pánu Ve-
ronskému Mastinovi della Scala, a podávajíce jemu
doživotné panství nad městem svým a krajinou
k němu příslušnou. Král uchopil se hned toho ná-
vrhu, jenž výtečně se hodil k jeho dobrodružné
povaze, a najav sobě vojsko, dne 31. prosince
1330 vjel slavně do Brescie. Se skutečnou stát-
nickou bystrozrakostí, které v jeho české vládě
vidíme málo nebo nic, spatřoval důležitý úkol svůj
v tom, aby smířil obě strany guelfskou a ghi-
bellinskou, jejichž záštím byla rozryta Brescia
i ostatní města italská; snaha jeho dodělala se
v tom směru na chvíli úspěchů až podivuhodných.
Právě veliká vzájemná rozezlenost těchto stran
byla příčinou, že brzo téměř všechna města horno-
italská přála si míti krále Jana za pána. Do Brescie

hrnuli se k němu poslové noví a noví, zvouce ho
do svých měst; a tak v prvních měsících 1331
podrobily se mu Bergamo, Milan, kde dosavadní
signor Azzo Visconti spokojil se s titulem krá-
lovského náměstka, dále Mantua, Como, Cremona,
Pavia, Vercelli, Novara, Parma, Reggio, Modena,
Bobbio i Lucca. Vrchní panství Janovo nad tě-
mito republikami a signoriemi bylo nesnad jen
jmenovité, ale skutečné; stavělť tam hrady pro
své posádky, dával nařízení s platností zákona,
udílel práva a milosti, i opatřil sobě také peně-
žité příjmy. Ale zachování tohoto panství bylo Ja-
novi mnohem nesnadnější, nežli nabytí jeho, a to
jednak pro odpor císaře Ludvíka Bavora, jednak
a hlavně pro vrtkavost Italianů samých.

Branný spolek knížat, jejž císař Ludvík uje-
dnával proti dynastii Luccmburské, nutil krále
Jana, aby pomýšlel na brzký odchod z Italie k od-
vrácení nebezpečenství, jež hrozilo zemím českým.
Míně zatím správu věcí italských svěřiti prvoro-
zenci svému, povolal ho z Lucemburka k sobě do
Italie; Karel, zanechav manželku v Lucemburce,
vydal se s německým komonstvem na cestu časně
z jara, a to přes Mety, Lausanne, pak údolím Wal-
liským vzhůru, a překročiv Alpy průsmykem Sim-
plonským, dostal se na velký pátek 29. března
1331 do Pavie, města náležitého již otci jeho. Tu
hned ukázala se, alespoň dle přesvědčení Karlova,
zradnost Italianů; mělť Karel na velikou neděli
při snídaní býti otráven, a sice prý z návodu Azza
Viskonta Milanského; čemuž ušel jen tím, že za
příčinou přijímání nesnídal a celé dopoledne v ko-
stele prodlel; hofmistr a několik jiných osob z dvo-
řanstva Karlova zemřeli. Že to byl úklad, a sice
úklad nastrojený od Azzà Viskonta, to ovšem do-

svědčilo se jen jedním člověkem, který s počátku stavěl se němým, ale jsa z rozkazu Karlova mučen, třetího dne vypověděl, nač byl tázán, a udal sebe samého za traviče. Po této zlověstné příhodě táhl Karel se skvělým průvodem do Parmy, kdež byl od měšťanů dne 15. dubna slavně uvítán. Zde král Jan v posledních měsících obyčejně přebýval, a tak i Karel v následujících potom dvou letech. Jan ubíraje se dne 2. června 1331 odtud do Němec, ustanovil Karla svým náměstkem v Italii, a přidal mu k radě Ludvíka hraběte Savojského.

Italianům brzo se znechutila cizí vláda, která jim přinášela nezvyklá břemena. Dne 8. srpna 1332 zřídila se pod náčelnictvím Viskontů Milanských italská liga proti všemu cizímu panství v Italii; náleželi k ní netoliko signorští rodové a republiky hornoitalské, ale i král Neapolský Robert. Hrabě Ludvík Savojský, tchán Azza Viskonta, jsa srozuměn s ligou, odešel od králevice Karla, kterému jen menší počet poddaných měst zachoval věrnost; města severně od Padu skoro všechna spolčila se proti němu. V této nouzi osvědčil Karel v každém ohledu znamenitou statečnost, která u jinocha teprv šestnáctiletého zasluhuje nejen uznání, ale i obdivu. Tu také dobyl svého prvního a snad nejskvělejšího vítězství, při čemž vyznamenal se obezřetným vedením, odvahou i osobní udatností; pročež všimneme si *bitvy u San Felice* podrobněji. Hrad toho jména, stojící severovýchodně od Modeny, byl na podzim 1332 obležen od spolčených nepřátel Karlových. Posádka hradská, Karlovi věrná, zavřela smlouvu s oblehateli, nedostane-li během jednoho měsíce pomoc od Karla, že jim vzdá hrad. Tato měsíčná lhůta docházela na den sv. Kateřiny 25. listopadu. Karel shromáždil v Mo-

deně lid svůj z Parmy, Cremony a z Reggia, jehož
spolu s Modenskými bylo na počet 1200 jezdců
obrněných a 6000 pěších; nepřátel oblehajících hrad
San Felice bylo také asi tolik. Na pochodě na-
cházelo se krom toho 800 jezdců, jež legát Bo-
nonský poslal Karlovi ku pomoci; ale když lhůta
ke vzdání hradu dopadala, králevic nemoha čekati
na tuto pomoc, která by mu byla opatřila převahu
v jezdectvu, vytrhl na den sv. Kateřiny se svou
silou z Modeny, a náhlým útokem překvapil ne-
přátele u San Felice; bitva však byla krutá a
dlouhá, trvalať od hodiny deváté přes západ slunce.
Karel v šiku jízdném účastnil se líté seče, kůň
pod ním byl zabit, a on sám do ramene raněn;
přiznává se prostodušně, že v tom okamžiku, zdvi-
žen byv od svých ze země, pokládal se již za
přemoženého, když tu nepřátelé počali utíkati
s praporci svými. Nastalo stíhání a jímání jich.
Počet nepřátel zabitých a jatých udává se 500 až
800 jezdců a 5000 pěších: důkaz vítězství roz-
hodného a dokonalého. Hrad San Felice byl tudy
vybaven, a jakž dí Jan Villani, souvěký letopisec
Florencký, odtud velice se povznesla velikost krále
Jana, t. j. moc Lucemburská v Italii. Vítěz-jinoch
se dvěma sty jinými udatnými muži byl po
této bitvě pasován na rytířství. Hrdinství jeho
bylo uznáno od nepřátel, velebeno od přátel, a
chvalná pověst o něm předešla vítěze do vlasti.
On sám nehonosil se skutky svými, ačkoli k tomu
měl slušnou příčinu, i ačkoli v srdci svém vždy
velice si vážil vítězství obdrženého u San Felice.
Jako měšťané Parmanští po tom vítězství uzavřeli
slaviti den sv. Kateřiny, tak i Karel ve zbožné
mysli své cítil se zavázán k díkům svaté Kateřině
a připomínal si a slavil svátek její po celý život;

na Novém městě Pražském dosud stojí památník
těchto citův, kostel sv. Kateřiny, jejž Karel po-
zději r. 1355 založil; k čemuž dlužno přičísti též
nádhernou kapli sv. Kateřiny na Karlštejně, dra-
hými kameny vykládanou.

Vůbec není pochyby, že vladaření králevice
Karla v Italii, jakkoli samo v sobě dávalo malou
čáku dobrého zdaru, mělo u něho samého účinek
výborný. Vlohy a snahy jeho, vypěstované v Pa-
říži tak říkaje theoreticky, měly v Italii příle-
žitost cvičiti se v životě praktickém; a byla tato
praxis výtečnou přípravou k jeho budoucímu to-
varyšství a mistrovství ve vládě. V Italii poznal
lidi klassicky vzdělané, odchované duchem staro-
věkých spisovatelů, v čemž tehdáž Italie předčila
nade všechny ostatní země; avšak i obecná mluva
lidu povznešena již byla k formě umělecké, a li-
teratura italianská vykazovala se již plody doko-
nalé krásy, první mezi literaturami novoevropskými.
Bystrý duch, jakým Karel byl, zajisté tu rozšířil
rozhled svůj a nabyl popudů nových, krasoumných
i vědeckých. Péče jeho byla ovšem po výtce obrá-
cena k věcem politickým a vojenským; mnoho
bylo na něm žádáno v těch směrech, úkol jeho
při jeho mládí byl těžký, a dle toho také zku-
šenost, kterou tam zažil a které tam nabyl, měla
velkou praktickou cenu. Dotud žil vždy mezi přá-
teli, v Italii poprvé setkal se s nepřáteli, s ne-
přáteli zjevnými i potutelnými, a učil se odolávati
jedněm statečnou silou, druhým hadí opatrností.
Netoliko bil se udatně v poli, ale dovedl již také
dle potřeby zatajovati myšlenky své, jakož sám
o sobě vysvědčuje, že ke spiklencům k němu se
navracujícím stavěl se nevěda. Dodáme-li k tomu
upřímnost a nelíčenost, se kterou sám vypravuje

o sobě bez chlubnosti, nabudeme o královici Karlovi již obrazu ušlechtilého. Letopisec Pistojský jmenuje ho netoliko sličným, ale i moudrým a bodrým.[7]

Zde dlužno zmíniti se o podivném snu, jenž netoliko otvírá nám hluboký názor do mravné povahy Karlovy, ale také mocně i šťastně působil k jejímu vytváření a ustálení. Vypravuje Karel ve své prostodušné zbožnosti sám o sobě, kterak ďábel, jenž vždy hledá, koho by pohltil, a naskytuje lidem sladkosti, ve kterých tají se hořkost, také jeho dlouho před tím pokoušel, ale (s pomocí boží) nepřemohl; když však Karel zdržoval se v Lukce (23. června — 13. srpna 1333), tu pokušitel ponukl lidi špatné a zvrhlé, kteří co den bývali okolo krále Jana též tam se zdržujícího, aby Karla svedli z cesty pravé do osidla rozkoše a bídnosti; „a tak (prý) svedeni jsouce od zvrhlých, byli jsme zvrhlí se zvrhlými." Když pak Karel ubíral se z Lukky do Parmy a přenocoval v Tarenci, tu v neděli den Nanebevzetí Panny Marie (15. srpna) k ránu měl následující vidění ve snách: Zjevil se mu anděl, kterýž poklepal ho na straně, řka: „Vstaň a pojď s námi." A anděl uchopiv Karla za vlasy nad čelem, vynesl ho s sebou do povětří až nad velký šik ozbrojených jezdců, kteří stáli před nějakým hradem připraveni k boji. Anděl pak drže Karla nad šikem, dí k němu: „Patři a viz." A ejhle jiný anděl sestupoval s nebe, drže meč ohnivý v ruce, i udeřil jednoho uprostřed šiku tím mečem a ranil ho smrtelně.[8] Tu

---

[7] bello, savio e prò, Muratori XI. p. 461; — srovnej: come franco .. li ricrebbe vigore e baldanza, Villani ibid. XIII. p. 727.

[8] abscidit sibi membrum genitale. Vita Caroli ap. Freher p. 93. — Beneš in Scr. r. Boh. II. p. 304.

anděl držící Karla za vlasy vece k němu:
„Máš věděti, že jest to delfin Viennský, jenž pro
hřích vilnosti tak jest udeřen od Boha: teda mějte
se na pozoru, a otci svému můžete říci, aby se
vystříhal podobných hříchů, sic přihodí se vám
horší." Karlovi bylo prý líto delfina Guigona Vienn-
ského, poněvadž byl jeho příbuzný, báby jejich
byly sestry; i tázal se zarmoucen anděla, může-li
delfin vyzpovídati se před smrtí; a anděl odpo-
věděl: „Bude míti zpověď a zůstane několik dní
na živě." Potom náhle byl Karel vrácen na své
místo; bylo již na úsvitě, a komorník otcův při-
cházel ho vzbudit, že král Jan již vsedá na koně;
vstávaje cítil se Karel unaven jako po velké cestě,
i řekl komorníkovi, že delfin zemřel, a tedy by
mu neprospěla pomoc, které mu otec zamýšlí po-
skytnouti proti hraběti Savojskému. Komorník se
vysmál králevici a pak v Parmě řekl tu věc králi;
ten domlouval synovi, aby nevěřil snům.[9]) Za ně-

---

[9]) Karel dokládá, že rozmlouvaje o tom snu s komor-
níkem a s otcem, neřekl jim vše, než toliko že del-
fin zemřel. U Beneše tato poznámka schází. A po-
něvadž dle Životopisu Karel v zimě 1339—1340 vy-
právěl papeži ve zpovědi týž sen, a papež mu radil,
aby o tom snu před otcem mlčel, což Beneš také
opomenul vypsati: dovozuje z toho Friedjung
(Kaiser Karl IV. p. 55—56, 241—4), že prý Beneš
psal svou čtvrtou knihu z jiné a to starší re-
cense Životopisu Karlova než-li jest ten, který se
čte u Frehera a Böhmera, a že Karel v Avignoně
1340 netoliko změnil své mínění o suu Tarenckém,
ale vůbec prý proměnil svou povahu a náhle z pou-
hého válečníka se převrátil v pobožného člověka.
Ale dotčené rozdíly mezi Životopisem a Benešem
vysvětlují se prostě tím, že Beneš zde jako na ste-
rých jiných místech nevypisoval doslovně, nýbrž leccos
skracoval a vynechával, i také zase přidával. Dotčené

kolik dní přinesl posel psaní, že delfin oblehaje
nějaký hrad hraběte Savojského, raněn jest šípem,
a po několika dnech vyzpovídav se zemřel.[10])

Tak a v takovém spojení vypravuje Karel
svou příhodu Tarenckou, která se vryla hluboko
do duše jeho a nezůstala bez důležitých následků.
Kterak jí zůstal pamětliv, o tom píše zase sám.
Když v zimě 1339—40 nacházel se v Avignoně,
vyznal se papeži Benediktovi XII., jaké měl vi-
dění před šesti lety. Potom na jaře táhna prů-
smykem Gerloským ze Salzburka do Tyrolu, mezi
sněžnými horami rozjímal o témž snu, a umínil
si postarati se o to, aby v kostele sv. Víta na
na hradě Pražském zpívány byly každodenně ho-
dinky k Panně Marii. Slib tento vyplnil r. 1343,
založiv při tom kostele mansionáře, t. j. sbor 24
duchovních ke zpívání hodinek. Když pak na své
první cestě Římské r. 1355 zastavil se v Tarenci,
založil tam z též pohnutky kapli Panny Marie a
zřídil při ní tři mansionáře; takové založení učinil
téhož roku také v Norimberce.[11]) Kterak dojem,
jejž v Karlovi zůstavila příhoda Tarencká, účinně
a šťastně působil na jeho mravnou povahu, toho
se můžeme domysliti povážíce, že co sám vy-
pravuje v úvodě k onomu snu, to zůstalo v celém

---

dedukce Friedjungovy, literární i povahopisné, roz-
padají se tudy v niveč. Proti smyšlenému převratu
v povaze Karlově mluví ostatně vlastní skutky i slova
jeho jak před r. 1340 tak i po tom roce; bylť již
dříve také pobožný, a byl také ještě několik let
později bojechtivý až k dobrodružnosti.

[10])Dauphin Guigo VIII., tehdáž 22letý, byl 28 července
1333 skutečně šípem prostřelen při obléhání hradu
la Perrière v Savojsku, a učiniv testament, skonal
téhož dne.

[11])Beneš 283, 305. — Dobner Mon. III. 323, 360—4.

jeho životě osamělým a samojediným. Zajistéť nikde
jinde nedovídáme se o nějaké skvrně v jeho man
želských poměrech. Neúhonností v tomto ohledu
Karel světle vyniká nade mnohé předchůdce své
na trůně českém, zejména nad oba krále Přemysly, nade všechny tři Vácslavy i nad otce
svého Jana. —

Panství Lucemburské v Italii nemělo trvání.
Král Jan po mnohém jednání i válčení v Němcích,
v zemích českých i polských i ve Francii, vrátil
se v únoru 1333 do Italie, přiváděje z Francie vojsko
proti svým nepřátelům. Ale ani nyní nebylo lze,
aby Jan a Karel podrobili sobě města lombardská,
jež se jim byla zpronevěřila. Král pomýšleje opět
na odchod z Italie, nabízel synovi, aby opět sám
se uvázal v řízení měst poddaných a ve válčení
proti odpadlým; Karel však, již rozumnější otce
svého, nepřijal toho podání, vyznávaje, že by se
ctí nemohl podržeti ten úkol. Král poslal tedy
syna do Čech; sám pak uděliv náměstnickou vládu
nad městy, která se ho ještě přidržela, za hotové
peníze několika stoupencům svým ze šlechty,
opustil v říjnu 1333 Italii na vždy, jeda do Lucemburka. Dvě leta později zmizely poslední zbytky
panství jeho v Italii.

Králevic Karel, ubíraje se do Čech, rozloučil
se v srpnu 1333 s otcem svým v Parmě, a pod
příměřím dostal se přes Veronu do Tyrolu. Tam
navštívil bratra svého Jana Jindřicha, i jednal
v Meraně se tchánem jeho, vojvodou Jindřichem.
V Dolejších Bavořích potom shledal se se starší
svou sestrou Markétou, manželkou vévody Bavorského Jindřicha; bylť po deset let neviděl sestry
ani bratra. Návrat králevice do Čech po tak dlouhém jeho přebývání v cizích zemích byl obapolně

nemálo dojemný. Zastaviv se na Zbraslavi u hrobu matky, a doprovázen jsa četnou šlechtou, která již na cestě ho vítala, vjel dne 30. října 1333 za radostného jásání všeho lidu do Prahy. Jakž by Čech byl mohl neroztoužiti se a nezaradovati se, cítě jednak zádavy, jež na vlast uvalila dlouholetá zlovláda nelaskavého krále-cizince, jednak pak vida přicházeti přirozeného dědice trůnu, syna milované Elišky, vnuka slavného Vácslava, knížete, ač teprv sedmnáctiletého, avšak již ve světě zkušeného, o jehož statečném počínání v Italii přišly sem zvěsti potěšitelné! Dosud nepoznali ho než jako dítě, nyní pak viděli vraceti se muže dospívajícího; bystrozraký stařec, Petr opat Zbraslavský, znamenal hned, že králevic obdržel výtečné vychování, že na svůj věk jest nemálo snaživý a dobrými mravy ozdobený; a přesvědčen jsa, že příchodem Karlovým nastává zemi České nová doba, jal se týž letopisec psáti nový díl letopisu svého, třetí a poslední.

První dojem, jejž Karel při návratu svém do vlasti ⸱pocítil, bylo rozechvění převahou elegické. jakž je sám popisuje. Nenalezlť zde ani otce, ani matky, ani bratra, ani sestry, ani známých. Otec válčil v Lucembursku, matku kryla země, bratr dlel v Tyrolu, starší sestra Markéta v Bavořích, a mladší sestry Guta i Anna ve Francii; Guta totiž čili Bonne provdala se r. 1332 za králevice francouzského Jana, kterýž později (1350) nastoupil na trůn po svém otci králi Filipovi VI., bratrovi Blančině. A netoliko příbuzných a známých pohřešil zde Karel; zabolelo ho také obzvláště, že mateřskou svou řeč českou byl docela zapomněl; tento nedostatek snažil se napraviti a učil se znova česky, i mluvil později tou řečí jako

jiný Čech a tak dobře, jako již dříve uměl francouzsky, vlasky, německy a latinsky. Vychovanci —
francouzskému samo sebou naskytovalo se, aby
srovnával obecný stav Francie a Čech, a uvažování to muselo tehdáž zdarnému vlasti synu býti
nad míru krušné: tam znal blahobyt, pořádek,
průchod spravedlnosti, sílu a lesk království; zde
shledal úpadek hluboký, nelad a rozklad všech řádův státních, lid utýraný smutně živořící.[12]) Na statcích královských nezůstávalo ani jediného hradu,
který by nebyl zastaven se vším příslušenstvím svým, a rovněž valná část měst královských
byla odcizena od komory. Palác královský na hradě
Pražském, vyhořev asi před třicíti lety a nebyv
opraven, rozpadal se v ssutiny, tak že Karel s počátku neměl kde bydleti, leda v domě měšťanském; i ubytoval se nejprve v domě někdy matky
své na Starém městě Pražském (tu kdež nyní
slove u Štupartů), až po dvou měsících upravil
si byt v domě purkrabském na hradě Pražském
blíže zadní brány hradské, kdež zůstával dvě leta.

Král Jan poslal svého prvorozence do Čech,
aby zdejší země spravoval na jeho místě čili na
místě obvyklých dosud hejtmanů zemských. Okolo
nového roku 1334 udělil mu titul *markrabí Moravského*, ač správní moc Karlova vztahovala se
jednostejně k Čechám jako k Moravě i k tomu,
co ve Slezích a v Lužici náleželo již ku koruně
České. Vladaření Karlovo lišilo se od předešlé
správy hejtmanské tak, jako moudrý dědic rozdílný jest od nesvědomitého nájemníka.

Anarchie byla dotud tak vrchovatá, že

---

[12]) Srovnání dojemné toho smyslu mezi Francii a Čechami učinil r. 1334 Petr Zbraslavský při své cestě
po Francii. Chron. Aulae Reg. III. cap. 4.

současníkům se zdálo, má-li býti nějaký východ
z ní, že musí se zříditi pořádek státní docela
nově od samých základů, jako v zemi, která po-
poprvé má povznésti se z barbarství k civilisaci.
Markrabí Karel začal skutečně od základů, ale
nekladl nových, nýbrž opatřil sobě přístup k zá-
kladům starým, tehdáž zatarasseným, na kterých
moc královská za starších časů hlavně spočívala,
totiž k majetku komornímu. Vedle zištných zá-
stavných držitelů statků královských našlo se na
štěstí v samém panstvu, a tím více v jiných sta-
vích, dosti přátel obecného dobrého, kteří novému
zeměsprávci byli nápomocni v těžkém úkolu tom.
Karel obdržel od sněmu velikou berni, jejíž část
musel sice poslati do Lucemburka za otcem, zbylo
mu však dosti, aby mohl hned vykoupiti několik
královských hradů a měst ze zástavy; některé pak
přináležitosti komory královské, (jak lze souditi),
které od panstva byly rozchváceny samovolně, při-
navracoval ku komoře bez výkupu. Pilným vyhle-
dáváním a dobrou správou důchodů královských
jakož i pomocmi poddaných navrátil ve dvou letech
ku koruně hrady, panství a města Křivoklát, Lo-
ket, Týřov, Lichtenburk, Litice[13]), Nečtiny, Zbiroh,
Tachov, Trutnov, Hradec nad Labem, Mýto Vy-
soké a Písek v Čechách, v Moravě pak hrady
Lukov, Teleč, Veveří, Olomouc, Brno a Zno-
jem, nepočítaje statků menších. Tím sice nebylo

---

[13]) Vita Caroli má Lutitz, což může znamenati Litice
i Žlutice; H. Jireček v Základech zřízení str. 93
rozumí Žlutice, já však myslím na Litice nad Rad-
buzou za příčinou listiny v Emlerových Regestech
čís. 2013; cf. Památky VIII. 86. Litice nad Orlicí
to býti nemohou z příčiny listiny u Balbína Misc.
VIII. p. 148.

zjednáno vše, co bylo potřeba navracovati ku komoře, ale byl tím učiněn znamenitý počátek. Také k tomu všemu, čeho po dvě leta dosáhl Karel, nedostačovaly peníze, nýbrž bylo potřebí i vydatné moci branné; jakož sám praví, že vymohl královské statky netoliko velikými náklady, ale i velikou prací, i měl četné rytířstvo ve službě své; neboť prý „páni namnoze byli se stali tyrany, aniž se báli krále, jak se slušelo, i měli mezi sebou království rozdělené.“

Ukázáno výše (str. 17), kterak zastavováním hradů a měst vzalo zkázu konání spravedlnosti a bezpečnost práva; nyní s navracováním majetku královského ku komoře šlo ruku v ruce nové osazování soudů krajských ve hradech a městech i obnova řádu i donucovací moci soudů královských vůbec. A jako dotud loupežníci sprostí i vznešení provozovali lotrovství, jehož žádný soud a žádná moc veřejná nestavovaly, tak že lidem připadalo, jakoby spravedlnost a pokoj byly se vystěhovaly s králem z království, takž nyní s královicem-vládařem přicházel z nenáhla pokoj a řád, lotři jsou kroceni, zpupní páni zastrašeni. Markrabě za tím účelem osobně jezdil po Čechách, Moravě i Slezsku, navštěvuje města a městečka, a zjednávaje všude lepší pořádek. „I milovalo nás (dí on sám) veškerenstvo dobrých, zlí pak, bojíce se, vystříhali se zlého, a spravedlnost dostatečně vládla v království.“

Ač markrabě musel větší část důchodů posílati za otcem do ciziny, přece hned přikročil i ke zvelebování majetku královského. Na rozvaleném spáleništi starého paláce na hradě Pražském dal stavěti palác nový, a zároveň stavěl a opravoval v Hradci Králové i na jiných místech. Karlův palác Pražský, z něhož nyní není nic viděti, líčí se od souvěkých jako dílo podivuhodné krásy, jemuž před tím v Čechách nebylo rovno ; stavba jeho trvala několik let, a zdělána byla podle vzoru Louvra, sídla králů francouzských, slohem gothickým, jemuž tehdáž v Čechách slušněji říkali francouzský.[14])

V letě 1334 markrabě dal z Lucemburka sem přivézti manželku svou Blanku aneb Blanči, jakž ji Čechové jmenovali ; přijela do Prahy 12. června, vítána jsouc slavně a přinášejíc s sebou výbavu skvostnou i nové módy ženské, v Čechách dotud málo vídané. Manžel maje radost z milované družky, oslavil příchod její několikadenním veselím. Sličným zevnějškem zalíbila se hned každému, a brzy Čechové i ji zahrnuli do své lásky ku královskému manželu jejímu. Jen to prý každého hnětlo, že s ní nemohli mluviti, neboť hovořila jen francouzsky. Po měsíci skoro všechno komonstvo její, jež s ní přišlo z Francie i z Lucemburka, bylo posláno nazpět s odměnami, a mladá markrabina obdržela dvůr jiný z domácích osob. Od těch potom učila se mluviti německy a česky, ale v prvních letech nevelmi v tom prospěla. Po roce narodila se jim první dcera, jménem Markéta.

Král Jan oženil se r. 1334 ve Francii po druhé s Beatricí, dcerou Ludvíka vojvody Bourbonského ; pak 30. července 1335 přijel po tříleté nepřítomnosti zase jednou do Prahy. Tentokrát volali ho sem těžké zápletky, jež se strojily proti dynastii Lucemburské. Zemřelť dne 2. dubna 1335 vojvoda Jindřich Korutanský, tchán králevice českého Jana

---

[14]) Srovnej mou rozpravu O historii výtvarného umění v Čechách, v Osvětě 1877 str. 337.

Jindřicha; proti dědicům jeho hned se smluvil císař Ludvík Bavor s vojvody Rakouskými o rozdělení dědictví na ten spůsob, že sám měl vzíti severní Tyrolsko, ostatek pak podával vojvodům Rakouským, kterýmž země Korutanská skutečně hned se podrobila. Proti tomu markrabě Karel činil hned sám náležité kroky diplomatické, v čemž pak pokračoval společně s otcem; zejména smířením a spolkem s králem Kazimírem Polským a Karlem Robertem Uherským připravovali se k nastávající válce proti císaři a vojvodám Rakouským.

Mezi tím asi na počátku září 1335, tedy měsíc po příchodu krále Jana do Čech, zkazila se radost lidu českého z lepšího pořádku, který za minulých dvou let nastával pod moudrou vládou markrabí Karla. Vyvazování a vymahání statků královských těžce nesli pánové, kteří je byli drželi; tito spolu s některými dvořany lucemburskými, kteří rovněž doufali při tom něco uloviti, namluvili králi, aby se měl na pozoru před synem; ten že zjednal sobě mnoho hradů a naklonil sobě všecku lásku lidu; bude-li toho na dlouze, že prý Karel, jakožto dědic a potomek starých králů Českých, může Jana jakožto cizozemce vypuditi z království. Král Jan opět uposlechl těchto zištných osočovatelů, jako před 16 lety; odňalť Karlovi všelikou správu v Čechách i v Moravě, ponechávaje mu pouhý titul markrabství Moravského. Sám pak král přebývaje po dvě leta v Čechách nebo na blízku, jal se řáditi vydíráním peněz podle předešlého obyčeje svého; a bylo v tom opět viděti radu panskou, že v ustavičných svých potřebách peněz vrhal se nejvíce na třídy nešlechtické, měšťany, duchovní a židy. Ano jako někdy Ota Braniborský, poručník-lupič království Českého, sáhal Jan nyní i na

chrámy; dalť r. 1336 kopati v kostele Svatovít-
ském u hrobu sv. Vojtěcha, ale nenašel pokladů,
kterých hledal; to vynahradil si po několika mě-
sících tím, že zastavil věřitelům stříbrné sochy
dvanácti apoštolů, jež markrabě Karel dal dělati
k ozdobě hrobu sv. Vácslava; vážily 500 hřiven.
Dobře se mu zdařilo v synagoze židovské, kdež
vykopáno pokladů za 2000 hřiven stříbra.

Karel zbavený správy zemí českých, byl ještě
r. 1335 od otce dvakrát poslán vojensky do Slezska;
jednou aby pod záminkou škod, jež vojvoda Bo-
leslav Minsterberský učinil dvěma klášterům slez-
ským, přinutil tohoto knížete k závazku manskému;
podruhé aby jménem Janovým uvázal se v odumřelé
vojvodství Vratislavské, které dle starších smluv
spadalo na korunu Českou; čehož obojího Karel
docílil.

Ku konci r. 1335 král Jan poslal markrabí
Karla do Tyrolu, aby proti nepřátelům ujal se
svého bratra, vojvody Jana Jindřicha, teprva čtr-
náctiletého, a jeho manželky Markéty. Stavové
tyrolští zůstávajíce dědičným pánům svým věrni,
přijali Karla za správce; jemu sice nepodařilo se
vydobyti ztracených Korutan nazpět, ale během
r. 1336 se mnohou statečností netoliko uhájil
hrabství Tyrolského proti nepřátelům se všech
čtyř stran dorážejícím, Rakušanům, Bavorům, Švá-
bům i Mastinovi della Scala Veronskému, nýbrž
opanoval také nejhořejší poříčí Drávy (Pusterthal);
kterážto krajina byla potom v míru Enžském 9.
října 1336 k Tyrolsku připojena a zůstává při
něm podnes. Mírem dotčeným odřekl se král Jan
za svůj rod vojvodství Korutanského ve prospěch
vojvod Rakouských, ale Karel jsa s tím nespokojen,
nedal k tomu svého svolení než až po roce.

Vrátiv se Karel v prosinci 1336 z Tyrolu, kdež jeho přítomnosti již nebylo potřeba, do Prahy, přidružil se hned ku křížové výpravě, kterou otec jeho podnikl do Prus na pomoc řádu Německému proti Litvanům. Zbytečné toto tažení skončilo se bez úspěchu, poněvadž zima byla vlažná, a křižáci pro nedostatek ledu museli od řeky Němena vrátiti se domů. Králi Janovi na tomto pochodě za sychravého počasí rozbolely se oči, a když 4. dubna 1337 vrátil se do Prahy, oslepl na pravé oko docela, a levé zůstalo churavé.

Zde našel král nového syna, jenž se mu narodil 25. února 1337 z druhé manželky Beatrice, přebývavší od počátku toho roku v Čechách u markrabiny Blanky; dali mu jméno Vácslav. Ale lid český, jako již neměl žádné lásky ku králi Janovi, tak ani nemiloval královny Beatrice a neradoval se z třetího syna králova, mluvě o něm jako o dítěti cizozemském. Za to tím větší náklonost ukazovali Čechové k markrabí Karlovi a k Blance, Z toho pojal král ještě větší kyselost proti svému prvorozenci, tak že Karel za několik neděl po svém návratu z Prus uznal za dobré, opustiti vlast svou. Královna Beatrix po neslavném korunování odjela 1. června z Čech do Lucemburka navždy; z odjezdu jejího jevili Čechové větší radost nežli dříve z příjezdu; za to král vymstil se na Blance, kázav ji odstěhovati z Prahy do Brna; sám pak 8. července 1337 odejel do západních zemí, odkudž se nevrátil než skoro po dvou letech.

Karel zbaven byl od otce všech důchodů, tak sice že Jan naprosto zapověděl posílati za ním peníze ze zemí českých; v tom stavu Karel vyhledával sobě zaměstnání válečného, k nemalému všech podivení. Neslíť Čechové ovšem těžce jak toto jeho odstrčení tak i nebezpečenství, do kterérých se vydával; jedni toužili, že markrabí nucen jest prý dobývati sobě výživy a krátiti sobě čas válkou; horlivci pak zlořečili králi, že prý schválně posílá syna do válek, poněvadž prý přeje jeho životu jako někdy král David Uriášovi.[15]) Avšak Karel nikdy nepřidal se k těmto nářkům na otce, ani v tom mírnějším rozsahu, ve kterém byly odůvodněny, nýbrž s jarou myslí pustil se samochtíc do dobrodružství válečných, nedávaje se odstrašiti žádným nebezpečenstvím. V tom ohledu byl v něm hodný kus povahy otcovy, kterou Karel neodložil než až po třicátém roce věku svého. Nyní v dubnu nebo červnu 1337, chtěje se vmísiti do půtek hornoitalských, a nejsa s vojvodami Rakouskými ještě smířen, plavil se po Dunaji do Budína, z Uher pak přes Charvátsko dostal se do Sené, odkudž chtěl se přeplaviti do Aquileje. V průvodu jeho nacházel se Jan z Lipé a jiní páni čeští. Ačkoli byl s Benátčany ve přízni, s nimiž měl společného nepřítele Mastina della Scala, kapitáni benátští chtěli se zmocniti jeho osoby, a blíže Grada obklíčili jeho válečný koráb. Proti této ošemetnosti užil Karel lsti; dávaje vyjednávati o vzdání, spustil se se dvěma druhy otvorem z korábu na kocábku rybařovu, na kteréž přikryt jsa saky a sítěmi, proklouzl mezi galejemi benátskými a vyvázl ke břehu do rákosí. Pak pěšky dostal se do Aquileje, kdež byl od patriarchy čestně přijat, a obdržel od něho průvod údolím Kadorským do Tyrolu; tam ujal se opět vlády vedle bratra. Odtud hleděl rozšiřovati Tyrolsko na jihovýchodní svah Alp v ny

---

[15]) Königsaler Geschichtsquellen, ed. Loserth, p. 530, 564.

nějším Benátsku, což směřovalo netoliko proti Mastinovi della Scala, jenž tam panoval, ale i proti Benátčanům, kteří měst jeho dobývali. Sebrav v Tyrolu vojsko pod záminkou potrestání jakéhos rytíře, jenž druhého v souboji zabil, ve veliké tajnosti dostal se po krkolomných cestách horských z údolí Fleimského na stranu italskou, a překvapiv Benátčany oblehající jeden hrad, zahnal je, hrad vzal, pak zmocnil se Belluna zradou jednoho měšťana, i oblehl Feltre. Mezi tím smluvil s Benátčany branný spolek proti Mastinovi Veronskému až prý do jeho zničení, obdržel od nich vojsko a měl dostávati též peníze na žold; a po tolika neshodných událostech vjel dne 15. srpna do Benátek i byl tam s velikými poctami vítán! Potom však dobyv města Feltre vyhladověním, propustil svoje pomocníky, a zřídiv hejtmany nad dobytými městy i k vedení další války proti Veronským, odcházel přes Tyrol a Rakousy domů. V listopadě 1337 byl již v Brně. Není-liž ta půlletní kruhová cesta nepřetržitým obrazem dobrodružství?

Markrabí vrátiv se do zemí českých, uchopil se opět jejich správy; nevíme však, učinil-li tak v dorozumění s otcem anebo proti jeho vůli. Jisto jest, že vladařil mocně týmž zdarným spůsobem, ze kterého byl přede dvěma lety vytržen; také když ve květnu 1339 král Jan vrátil se do Čech, zjevuje se Karel jakožto stálý spoluvládař vedle něho, a to až do září 1339. I v těchto dvou letech musel Karel užívati moci branné, aby mohl pokračovati v díle počatém k uvedení pokoje a řádu do země a k vybavení statků královských; o čemž ve svém životopise zaznamenal následující příběh. Mocný Mikuláš z rodu Drslaviců, pán hradu Potenštejnského a Litického nad Divokou Orlicí i

jiných statků v sousedství, držel toho času krá-
lovský hrad Choceň nad Tichou Orlicí.[16]) Že Mi-
kuláš tohoto zboží královského nechtěl vydati, to
nejspíš bylo příčinou války, kterou markrabí Karel
v letě 1338 proti němu zdvihl; hrad Choceň a
některé jiné hrady Mikuláše z Potenštejna byly
dobyty, načež ten pán podával se ke smíru, a
Karel smluvil se s ním pod neznámými výminkami.
Ale roku příštího zpupný pán učinil nový odboj
proti markrabímu i proti králi, a jakž v takových
případech býval obyčej, jal se loupežiti že svých
hradů; ano podobá se, že svou rozepři vznášel
na císaře a na sbor kurfirstský,[17]) což by byl
pokus zemězrady, nevídaný v Čechách od časů

---

[16]) Že Choceň s příslušenstvím bývala dříve zbožím
královským, o tom svědčí syn Mikulášův Ješek v li-
stině 1341 v Balbinových Misc. VIII. pag. 148.

[17]) Tak si vykládám slova Ondřeje z Dubé (okolo 1400)
ve Výkladu § 56, Archiv Český II. 502: „Kromě
slýchal jsem, že o čest jsú se někteří, jako pan
Mikeš z Potenštaina za ciesaře Karla, na říské vo-
lence se odvolal; ale snad jest bylo proto, že jest
jemu ciesař a páni přáli.“ Že se tomu nesmí rozu-
měti doslovně, leží tuším na bíledni; neb kdyby to
bylo teprva za císařování Karlova, ten by byl jistě
nesvolil, aby se rušila nejvzácnější privilegia zemská,
o jichž utvrzení on tolik pečoval. Ondřej z Dubé
mohl však slýchati a nedoslýchati o rozepři Miku-
láše z Potenštejna s Karlem, která se udála dokud
ten byl markrabím; i vztahuji zmínku Ondřejovu na
Mikuláše zemřevšího r. 1339, poněvadž neznám jiné
osoby toho jména, na kterou by se hodila. Krom
dotčeného Mikuláše († 1339) vyskytá se toliko Mi-
kuláš z Potenštejna, jenž byl 1388—1392 arcijahnem
Boleslavským a kanovníkem Pražským (Tomek, Praha
III. 171), a r. 1395 arcipřištem Kouřimským (Zim-
mermann-Glückselig, Aufgehobene Klöster, Urk. 5);
Kolářův rozrod Drslaviců v Památkách VIII. 82, a Zoub-
kův ve Vypsání Potenšteina 5, jsou ovšem neúplné.

zpoury Vítkoviců proti králi Přemyslovi II. Ale
se špatnou se potázal. V letě 1339 markrabí při-
táhna na něho znova, oblehl ho na Potenštejně;
a ač hrad zdál se býti nedobytný, přece po devíti ne-
dělích byl stečen; věž, ve které Mikuláš posledně
se bránil, jest podkopána a s pánem skácena,
zdi pak i celý hrad se zemí srovnány.[18]) Veškery
statky pana Mikuláše, pohřbeného v ssutinách
hradu, potáhl markrabí na sebe ku koruně; potom
však r. 1341 synovi jeho Ješkovi z Potenštejua
navrátil z toho statek Vamberský, Žamberský a
Kostelecký nad Orlicí, při komoře pak podržel
Choceň, hrad Litice a vrch Potštejnský se hra-
dištěm.

Po vyvrácení Potenštejna odebral se Karel
s otcem do Slez, kdež král měl zlou rozepři s bi-
skupem Vratislavským, a pak do Budišína. Odtud
Jan v srpnu 1339 odejel do Lucemburka, aby se
súčastnil války proti Angličanům, vpadším do
Francie, syna pak poslal do Čech, aby zde vla-
dařil dále. Ale ku podivu! Karel nemohl odo-
lati touze po rozčilení válečném, a zřídiv na svém
místě hejtmany v Čechách i v Moravě, jel za

---

[18]) Tak Vita Caroli ap. Freher 101—2. — A. Baum
v Památkách VIII. 599 při této příležitosti popsal
šíře a poučně středověké dobývání hradu vůbec; ale
domněnka jeho o nerozboření Potenštejna sotva ob-
stojí. — Co podrobnějšího o těch válkách napsal
Pešina in Marte Morav. p. 416, 417, a po něm Pelzel
K. Karl, I. 82, 86, 87, z něho pak Zoubek ve Vy-
psání Potenšteina 8, to mělo by se teprv kriticky
zkoumati. Veliké podezření vzbuzuje to, že Pešina
nevěda o zahynutí Mikuláše, vystěhuje ho do Polska
a pak mu dá uděliti znova milost od Karla. Že Pe-
šina při roce 1338 mluví o Hrzanovi a Sudličkovi,
kterážto jména vyskytují se v té krajině v 16. sto-
letí, to zdá se býti také jen poetická licence.

otcem. Válečné tažení v severní Francii skončilo se však tenkrát bez bitvy, načež v podzimku oba panovníci odebrali se do jižní Francie, Jan aby si dal hojiti oko na lékařské fakultě v Montpellieru, Karel pak — aby táhl vojensky na pomoc králi Španělskému proti Maurům v Granadě! Již Karel předeslal lid svůj do Montauban-a nad Tarnem, chtěje nepochybně západními Pyrenejemi vniknouti do Španěl; ale otec, nyní rozmyslnější nežli syn, zadržel ho u sebe na zapřenou v Montpellieru. Tam král Jan místo vyléčení oslepl i na druhé oko, načež oba panovníci zajeli do Avignona ku papeži Benediktu XII., s nímž jednali o duchovní rozepři Vratislavskou. V Avignoně bydlel markrabí Karel u svého bývalého Pařížského učitele, Petra Rogera; bylť nyní již kardinálem. Jakého asi spůsobu byly tehdaž důvěrné hovory mezi výtečnými vychovatelem a vychovancem, toho se můžeme domysliti z té příhody, vypravované Karlem samým, že jednou kardinál Petr řekl jemu: „Ty budeš ještě králem Římským." K čemuž markrabí odvětil: „Ty budeš dřív papežem." Oboje proroctví se vyplnilo.

Na jaře 1340 jel Karel s otcem do Paříže, pak sám do Bavor k ovdovělé sestře Markétě, dále Salzburkem do Inšpruka k bratrovi, odtud pak teprva společně s ním do českých zemí. Zde dlel markrabí v měsících květnu až srpnu, veda opět správu zemskou, z čehož byl vytržen nenadálou potřebou svého bratra Jana Jindřicha. Ten zatím navštívil dvůr polský i uherský za přátelským jednáním; tu v Uhřích došla ho novina, že manželka jeho Markéta se šlechtou tyrolskou kuje spiknutí proti němu. Ku přetržení toho musel Jan Jindřich pospíšiti si do svého hrabství, kamž za ním i Karel brzy přišel ku pomoci. Tam dověděl se markrabí, že Markéta chce zapuditi od sebe manžela svého a vyjednává s císařem Ludvíkem, aby jí dal k manželství svého syna, Ludvíka markrabí Brandenburského. Jednání to odůvodňovala Markéta tím, že prý s mladým svým manželem zůstává pannou. Markrabí Karel brzo zmocnil se dvou hlavních důvěrníků hraběnčiných v tom spiknutí; pak společně s bratrem svým dal nevěrnou hraběnku Markétu hlídati na hradě Tyrolu.

Po takovém potlačení spiknutí tyrolského Karel nevrátil se do Čech, nýbrž až hluboko do zimy jezdil tam a v krajinách sousedních, zaměstnán jsa hlavně dobýváním pevných míst v pomezných krajinách italských k rozšíření bratrova tyrolského panství; při čemž ocítil se nejednou ve velikém nebezpečenství života. Pak v prosinci táhl přes neschůdné hory z Tyrolu k Aquileji, žádán byv od patriarchy za pomoc proti vojvodovi Rakouskému a hraběti Gorickému; o vánocích oblehal s patriarchou město Gorici.

Mezi tím v prosinci 1340 král Jan přijel z Francie do Prahy a ujal se zde vlády, o kterouž později sdílel se se synem Karlem, když ten asi po čtvrt letě vrátil se od jihu do Čech. Král svolav potom valný sněm do Prahy, žádal na stavích, aby se zavázali míti po jeho smrti prvorozence Karla a jeho potomky za pravé dědice a nástupce v království; k čemuž všichni stavové ochotně svolili a listy od sebe na to vydali (11. června 1341); a tak trůn český vyhlášen jest za dědičný v rodě Lucemburském, avšak toliko v linii Karlově, a nikoli v mladších větvích ostatních dvou synů Janových, Jana Jindřicha a Vácslava.

Toho roku stihla rod Lucemburský přece ta nehoda, kterou Karel vloni odvrátil, totiž ztráta hrabství Tyrolského. Spiknutí obnovené podařilo se nyní docela. Když 2. listopadu 1341 Jan Jindřich vracel se z projížďky na hrad Tyrol, našel brány zavřeny a českou posádku z něho vypuzenou. Ani na jiných hradech nebyl přijat, i nezbylo mu nežli uchýliti se ze země k patriarchovi Aquilejskému a později do Čech. Hraběnka Markéta pokládajíc své první manželství za nedokonané a tudy neplatné, ač to příslušným soudem duchovním vyřčeno nebylo, vstoupila v únoru 1342 v nový sňatek s markrabím Ludvíkem Brandenburským u přítomnosti císaře, který novým manželům udělil léno na Tyrolsko i Korutany. Poněvadž Korutany byly již od roku 1335 v držení vojvody Rakouského, podařilo se nyní Karlovi snadno sblížiti se s ním proti společnému nepříteli; na císaře žaloval Karel i jiným knížatům křivdu a hanbu svého bratra, a docházel tak dalece sluchu, že rozvázání a zavření tohoto sňatku pokládalo se obecně za hanebnost pohoršivou. I někteří přívrženci císaře Ludvíka z této příčiny odvraceli se od něho, a mezi kurfirsty počalo se mysliti na sesazení Ludvíka s císařství.

Ve vypuklé rozepři s císařem poskytla rodu Lucemburskému velikou výhodu volba nového papeže. Po smrti Benedikta XII. dosedl na stolec papežský 7. května 1342 kardinál Petr Roger pode jménem Klimenta VI. Bývalý vychovatel králevice českého Karla i v důstojenství papežském zůstal mu nakloněn obzvláštní přízní. Panovníci čeští také pilně pěstovali přátelské vztahy k novému papeži, kteréž měly přinésti království Če-

skému znamenité prospěchy, konečně povýšení
Karla na trůn Římský.

V královské české rodině byl toho času poměr
mezi otcem a prvorozencem zase nemálo napjatý.
Komorní jmění, jež Karel za své správy v letech
1333—5 a 1337—9 těžkou prací vybavil a na-
shromáždil, to Jan za své přítomnosti a správy
vždy zase rozptyloval, aby si pomohl k penězům.
Lehkomyslnost Janova přiměla starostlivého dědice
trůnu k tomu, aby v záležitostech domácích i za-
hraničných vystupoval téměř jako poručník otce
svého. Když v únoru 1342 král odjížděl z Prahy
do Lucemburka a Karel od něho přijímal vládu
nad zeměmi českými, připuzen byl Jan k uzavření
smlouvy, dle které obdržel od Karla 5000 hřiven
stříbra jakožto výplatu za všeliké požitky na dvě
leta, a neměl během těch dvou let přijížděti do
země ku přebývání ani nějakých jiných peněz
odtud požadovati. Smlouva tato, ovšem tvrdá
pro krále, osvědčila se býti vydatnou závorou,
prospěšnou Čechám, ale škodlivou Lucembursku,
zamilované zemi Janově. V Čechách mohl nyní
Karel zdárně pokračovati ve vykupování a vyba-
vování majetku královského i ve zvelebování správy
veřejné. Král Jan dotud, jak již bylo dotčeno,
pilně rozšiřoval svoje panství Lucemburské, spů-
soby mírnými i válečnými, ale vždy velkým ná-
kladem peněžitým; ale od této doby slepý marno-
tratník dělal dluhy na důchody hrabství Lucem-
burského a zastavoval jeho částky.

Mezi císařem Ludvíkem a domem Lucem-
burským od r. 1330 z příčiny věcí italských a ty-
rolských nejednou propuklo zjevné nepřátelství,
a dokonalá přízeň nevrátila se již nikdy, ač o smír
jednáno často. Karel již před rokem 1339 vešel

s císařem v úmluvu, kterou se císař zavázal ne-
vyjednávati s králem Janem o ničem [bez vůle a
rady Karlovy: opět ukázka, že Karel činil se
ne-li zrovna poručníkem, aspoň rovnoprávným
spoluvládcem vedle otce. Když pak toho roku
Jan dal se obelstiti od císaře a zavřel s ním
jistou smlouvu, škodnou Karlovým zámyslům o sta-
toprávném poměru koruny České k Německu:
Karel prohlásil tu smlouvu za neplatnou, a maje
po své straně také pány české, odepřel dáti k ní
pečeť, i zvrátil ji skutečně. To se opakovalo r.
1343, když císař Ludvík znamenaje, že následky
jeho bezprávného jednání v záležitosti tyrolské
obracejí se proti němu, hleděl se smířiti s králem
Janem a smluvil se s ním o náhradu; Karel opět
opřel se té smlouvě, že čelí více ku prospěchu
nejmladšího syna Janova Vácslava, jemuž nebylo
ukřivděno, nežli Jana Jindřicha, jenž přišel o man-
želku i o zemi. Na počátku r. 1344 Karel i Jan
Jindřich vyjednávali sami s císařem o náhradu za
odcizené hrabství Tyrolské; což jim zase na vzá-
jem překazil král Jan, prohlašuje, že byl sebe
i syny své zapřísáhl stolici papežské proti císaři
Ludvíku Bavorovi. Roztržka mezi domem Bavor-
ským a Lucemburským stala se tím konečnou,
ale mezi králem Janem a markrabím Karlem ovšem
nebylo na ten čas také dobré vůle.

V únoru 1344 jel Karel k otci svému do
Lucemburka, odkudž oba společně odebrali se ke
dvoru papežskému do Avignona. Uvítáni jsou tam
s velikou poctivostí a slávou; byloť již znamenati,
že shoda prospěchů stolice papežské a dynastie
Lucemburské připravuje svržení císaře Ludvíka a
povýšení Karla. Asi dva měsíce zdrželi se panov-
níci čeští v Avignoně; Klimentovi VI. podařilo se

také spůsobiti porovnání mezi nimi, tak že od-
stranila se dosavadní různice pošlá z Janova ne-
rozumného hospodaření se statky královskými.
Na ten čas nejdůležitější však bylo tamější je-
dnání o zřízení *arcibiskupské stolice v Praze.*

Samostatná církevní správa měla ve středo-
věku mnohem větší důležitost než nyní; její ne-
dostatek byl na závadu i samostatnosti státní.
Pravomocnost arcibiskupská naproti podřízeným
biskupům, kněžím i laikům byla za oněch časů
daleko rozsáhlejší a důsažnější, pročež závislost
diéceze Pražské a Olomoucké na metropolii Mo-
hučské pociťovala se více a nepříjemněji, nežli
bychom podle nynějších změněných okolností sou-
diti mohli. Přímo ponižujícím však bylo, že krá-
lové Čeští museli přijímati pomazání a korunování
z rukou arcibiskupa, který nebyl jejich poddaným;
ještě r. 1339 biskup Vratislavský směl z té pří-
činy zlehčovati krále Českého. Dle svědectví
starších dějin českých bylo to nebezpečnou neho-
dou, že prvním knížatům křesťanským v Čechách
nepodařilo se dosíci samostatné metropole, jak
se to poštěstilo okolo r. 1000 panovníkům v Polsku
a v Uhřích. Proto výteční panovníci naši opětovně
zasazovali se o zřízení vlastní metropole, pokud
vědomo jmenovitě kníže Břetislav I. a králové
Přemysl I. i II.; ale úsilí jejich rozbilo se po-
každé o neochotu papežův, kteří krom ohledů
k žárlivosti císařův na samostatnost českou měli
vždy snadnou výmluvu, že bez dobrovolného svo-
lení metropolitů Mohučských nemohou jim ujímati
práv. Nyní shoda několika příznivých okolností
učinila králevici Karlovi snadným, co předchůdcům
jeho bylo nemožným. Prospívalať mu předně osobní
přízeň Klimenta VI. k němu, dále nalehavá po-

třeba téhož papeže, aby sobě zavázal pomocníky a spojence proti císaři Ludvíkovi,[19]) a konečně ta okolnost, že tehdejší arcibiskup Mohučský Jindřich z Virneburka jakožto přívrženec císařův byl ve klatbě církevní a v nejvyšší nemilosti u papeže. Král Jan, aby si nerozkmotřil arcibiskupa Mohučského, nevšímal si této záležitosti, kterou tedy vyjednal Karel sám. Kliment VI. vyplnil žádost Karlovu, a bullou danou 30. dubna 1344 vyloučil diécezi Pražskou i Olomouckou z pravomocnosti metropolity Mohučského, a biskupství Pražské povýšil za arcibiskupství; nové metropolii podřídil zároveň staré biskupství Olomoucké a biskupství Litomyšlské, které nově mělo se zříditi. Karel také žádal, aby biskupství Vratislavské bylo odděleno od provincie Hnězdenské a přivtěleno ku Pražské, tak aby všechny tři veliké země koruny České byly spojeny pod jednou metropolií; v tajné umluvě papež připověděl tak učiniti, začež Karel zavázal se pečovati o to, aby z diéceze Vratislavské odváděl se halíř sv. Petra jako z jiných diécezí polských; skutečně však potom nedošlo ani k jednomu ani k druhému. Jinou bullou ze dne 5. května 1344 papež přenesl právo korunování

---

[19]) Král Německý Ludvík IV. nebyl nikdy uznán od papežů v důstojenství svém, a nepohodna se s Janem XXII. o záležitosti italské, byl od něho již r. 1824 dán do klatby. Naproti tomu Ludvík v zimě 1827—8 v Římě dal sebe od biskupů korunovati za císaře, Jana XXII. prohlásiti za ssazeného i jeho vycpanou figuru veřejně spáliti, a jednoho minoritu za vzdoropapeže zvoliti. Jsa při tom znova dán do klatby, nabízel se potom několikrát papežům Avignonským k dostiučinění i k ponížení až přílišnému, ale nikdy ničeho nesplnil.

králů Českých s arcibiskupa Mohučského na arcibiskupa Pražského.

Prvním arcibiskupem Pražským byl *Arnošt z Pardubic*, kterýž teprv asi rok před tímto povýšením byl od kapituly zvolen za biskupa, nepochybně podle přáuí Karlova. Arnošt narodil se v Hostyni u Ouvala, na tvrzi otce svého, rytíře Arnošta, kterýž psal se prvotně odtud z Hostyně, později pak nabyv Pardubic, změnil přídomek svůj.[20]) Arcibiskup Arnošt studoval 14 let na universitách v Bononii a v Padově, kdež dosáhl licentiatu ve právě církevním. Vynikal jak obsáhlou vzdělaností ducha tak i lepotou těla, šlechetnou myslí i uhlazenými mravy; byl zároveň pobožným prelátem i zkušeným znatelem světa i srdnatým bojovníkem. Povýšení jeho za biskupa a pak za arcibiskupa bylo pravým štěstím netoliko církve české ale i státu českého. Bylť Arnošt odtud stálým a předním rádcem Karlovým. Mužové tito v šlechetných snahách svých o zvelebení vlasti podporovali se vzájemně prostředky světskými a duchovními, a bez nadsazování může se říci, že jako Karel jest mezi králi Českými nejzasloužilejší, tak Arnošt jest mezi arcibiskupy Pražskými nejdůstojnější a nejctihodnější.

Král Jan a markrabě Karel po šťastném pořízení v Avignoně pozdrželi se v Němcích, kdež měli jednání směřující proti císaři, a na podzim přijeli společně do Prahy. Zde v jejich přítomnosti dne 21. listopadu 1344 konaly se památné slavnosti. V starém kostele Svatovítském Arnošt oblečen byl v pallium na znamení důstojenství

---

[20]) O rodišti arcibiskupa Arnošta pojednal V. V. Tomek v Památkách X. 167, o rodopise J. Jireček tamže X. 711.

arcibiskupského. Zároveň byl dosavadní klášter premonstrátů v Litomyšli povýšen za kathedrálu a opat téhož řádu posvěcen za biskupa. Téhož dne nový arcibiskup, král Jan a jeho synové Karel i Jan Jindřich položili základní kámen k velkolepé stavbě nového kostela Svatovítského; za tímto účelem král Jan, nejspíš z návodu Karlova, již před třemi lety (23. října 1341) učinil nadání, aby na tu stavbu odváděl se kapitule Pražské desátek z příjmů královských ze všech stříbrných dolů po Čechách, jmenovitě z Kutnohorských. Stavitele Matyáše z Arrasa, jemuž provádění toho slavného díla se svěřilo, přivedl markrabě Karel s sebou z Francie.

Okolo nového roku slepý král opět vydal se na křížovou výpravu proti pohanským Litvanům; zase ho doprovázel markrabě Karel, též král Uherský i jiní knížata z rozličných zemí. Křižácké vojsko vniklo sice za řeku Němen do Litvy, ale pak pro nastalou · oblevu museli se rychle, vrátiti bez pořízení. Král Jan táhl přes Německo do Lucemburka, Karel pak vracel se do Čech přes Polsko. Ve městě Kališi byl však zadržen z nařízení krále Polského Kazimíra, při čemž měl účastenství také sestřenec Kazimírův Bolek vojvoda Svídnický. Z tohoto zajetí pomohl si Karel lstí. Znamenaje že jest hlídán, aby z města, vyjíti nemohl, stavěl se nevěda a řekl, že pro odpočinutí chce několik neděl tam setrvati. Zatím po poslovi dal věděti hejtmanovi Vratislavskému, v jakém postavení se nachází; hejtman rychle se třemi sty oděnci přijel ku Kališi, až na míli od města, a dle umluvy poslal jednoho jezdce ke bráně; v tu chvíli Karel přívětivě rozmlouval se stráží ve bráně, a vyšvihnuv se na přivedeného

valacha, ujel od města ke svým naň opodál če-
kajícím; opěšalý jezdec i komonstvo Karlovo
v Kališi byli zatčeni, ale později od Kazimíra
přece propuštěni; ten vylil si svou zlost jinak,
totiž vpádem do Vratislavska, kdež dobyl Ste-
navy u Odry.

Král Polský strojil tuto zradu na Karlovi,
jehož r. 1341 slavně jmenoval svým milým bratrem,
z té příčiny, že zatím se byl spolčil s císařem
Ludvíkem proti rodu Lucemburskému. Chystané
povýšení Karla za krále Římského nelíbilo se Ka-
zimírovi, že by soused jeho zmohutněl. Z toho
následovaly dvě krátké války. Jakmile král Jan
dověděl se o příhodě Kališské, přikvapil do Čech,
a na jaře 1345 vypravil se vojensky s oběma syny
a s arcibiskupem Arnoštem do knížectví Svídnic-
kého, aby vzal pomstu na Bolkovi. Deset neděl
plenili zemi a vzali Landshut. Sotva však po
uzavřeném příměří vrátili se do Čech, panovníci
čeští v jednom témdni obdrželi opovězení války
od císaře Ludvíka a pěti jiných knížat s císařem
spolčených; mezi nimi byl král Polský, který
první učinil útok, vpadna do Opavska. Král Jan
svolav hotovost zemskou, se syny Karlem a Janem
Jindřichem rychle zahnal Poláky nazpět, a v čer-
venci udeřil na Krakov; přijal však příměří od
krále Kazimíra podávané, kteréž ještě toho roku
proměnilo se v mír se všemi sousedy, vyjma cí-
saře. Přičinil se o to papež, jehož úmysly o se-
sazení Ludvíka dozrávaly ke skutku.

K vyzvání Klimenta VI. odebrali se král Jan
a markrabí Karel na začátku března 1346 opět
společně do Avignona; tam za spolupůsobení sle-
pého krále dokonány jsou úmluvy proti císaři a
ustanoveny obapolné výminky, pod kterými měl

Karel býti zvolen za krále Římského (22. dubna). Po docíleném úplném dohodnutí papež vyzýval (28. dub.) kurfirsty k nové volbě, poroučeje jim markrabí Karla za krále. K témuž účelu papež sesadil (7. dub.) arcibiskupa Mohučského Jindřicha z Virneburka, který se přidržoval císaře Ludvíka, a dosadil z vlastní moci na jeho místo Gerlacha hraběte Nassavského; tento pak (20 květ.) rozepsal volbu nového krále ke dni 11. července 1346. K dokonání příprav usnesli se tři arcibiskupové-kurfirsti s markrabím Karlem v Treviru (28. kv.), aby volební shromáždění, poněvadž Frankfurt stál při císaři, sešlo se v proslulém shromaždišti kurfirstském řečeném Rense, kteréž se nacházelo na levém břehu Rýna naproti ústí řeky Lahn do něho. Tam v ustanovený čas sešlo se toliko patero kurfirstů, ti totiž, kteří hotovi byli dáti svůj hlas Karlovi; byl to předně Gerlach arcibiskup Mohučský, (jehož hlas byl ovšem sporný mezi ním a jeho sokem od papeže sesazeným)'; dále dva kurfirsti z rodu Lucemburského, totiž král Český Jan a jeho strýc Balduin arcibiskup Trevirský; ostatní dva hlasy, Walrama arcibiskupa Kolínského a Rudolfa vojvody Saského, byly získány za peníze a jiné výhody, jakž to bylo v Němcích ode dávna v obyčeji (však i strýc Balduin dal si pojistiti 6000 hřiven stříbra). Ostatní dva volenci scházeli, totiž falckrabí Ruprecht, strýc císařův, a Ludvík markrabě Brandenburský, císařův prvorozený syn. Od dotčených pěti kurfirstů byl dne 11. července 1346 císař Ludvík prohlášen za zbavena trůnu i říše, a markrabě *Karel zvolen za krále Římského*. Arcibiskup Arnošt Pražský a Mikuláš vojvoda Opavský byli od volitelů posláni do Avignona, aby událost tuto zvěstovali papeži.

4

Nyní říše Německá měla dvě hlavy, císaře Ludvíka a krále Karla. Ačkoli válka mezi nimi byla nevyhnutelna, pustili se králové Jan a Karel napřed do jiného boje, a to z pouhého přátelství k Francouzskému králi Filipovi VI. Den po volbě Karlově přistáli Angličané s králem svým Eduardem III. u břehů francouzských na poloostrově Normanském, a skoro bez překážky postupovali až ku Paříži. Král Filip v této nouzi svolával se všech stran přátele své ku pomoci. Na jeho prosby vypravili se k němu oba naši králové z Lucemburka asi s 500 odenci, dílem českými dílem lucemburskými. Když tím časem značné vojsko francouzské shromáždilo se u Paříže, král Eduard ustoupil odtud, a táhna na sever k řece Somme, přebrodil se 24. srpna jejím mělkým ústím, a nazejtří položil se u města Crécy, jemuž Čechové přezděli Kreščák. Vojsko francouzské, postupujíc za nepřítelem, dosáhlo ho 26. srpna po poledni; a ač bylo pochodem unaveno, pustilo se bez náležitého pořádku hned do bitvy, která tudy dopadla nešťastně. V dějinách válečnictví jest tato bitva i tím památna, že při ní poprvé děje se zmínka o hrubé dělostřelbě, od Angličanů užité, jejíž hromový hřmot a smrtící účinek spůsobil veliké zděšení v řadách francouzských. Králové Jan i Karel stáli s oddílem jízdy za předním šikem, jejž tvořili lučištníci Janovští; tito učinili první útok na vozovou hradbu anglickou, ale byli odraženi, a brzy dali se na útěk, působíce zmatek mezi Francouzi. Nyní Eduard princ Waleský s jízdou i lučištníky vytrhl z vozové hradby a udeřil na jízdu francouzskou, kdež se nacházelo panstvo i oba naši králové; tu nastala seč nejkrutější. Když mnozí již prchali ze ztracené bitvy,

raděno bylo i králi Janovi, aby hleděl se spasiti;
k čemuž on odvětil: „Toho bohdá nebude, aby
král Český z bitvy utíkal." I poručil koně svého
uvázati mezi koně dvou srdnatých rytířů, od kterých dal se vésti vpřed, kde zuřila hrozná seč.
Asi padésát rytířů následovalo slepého hrdinu;
krom dvou padli všichni, mezi nimi několik synů
z panských rodin českých; až konečně i král Jan,
udatně bojuje do posledního okamžiku, smrtelnou
ránou sražen s koně. Král Karel byl v seči dříve
než otec, ale když docházelo k nejhoršímu, byl
z rozkazu otcova ještě v čas odveden raněný z bojiště; z vlastních jeho lidí padló asi 26 osob.
Bitva trvala až do noci, kdež král Francouzský
dal se na útěk k Amiens; přes 20.000 mrtvol
pokrývalo bojiště. Ale nazejtří ráno bitva se obnovovala; neb vojvoda Lotrinský, opozdiv se a nevěda o porážce, přicházel se znamenitým vojskem
proti Angličanům, a asi 8000 Francouzů, kteří
přes noc zůstali na blízku, bránili se na nějakém
návrší Angličanům na ně dorážejícím. Mezi těmito
pozůstky armády francouzské nacházel se i náš
Karel. Obojí oddíl, francouzský i lotrinský, byl
od Angličanů poražen, vojvoda Lotrinský zahynul;
Karel spasil se útěkem, a zastavil se nejprve
v nějakém klášteře,[21] kdež se nacházelo několik

---

[21] U Villaniho (Muratori XIII. p. 950) ten klášter jmenuje se dvakrát Rincampo, a v starším vydání Riscampo, též Lupáč vydaný Hankou str. 68 jmenuje
ho Riscampum. Poněvadž ve Francii nebylo kláštera
toho jména, mínil Palacký (Děj. II. 1. 75), že se
má rozuměti cisterciácké opatství Ursicampus, Ourchamp, nad Oisou mezi Noyonem a Compiègne, 110
kilometrů od Kreščáka; ale možno mysliti též na
cisterciácký klášter Carus Campus, Cercamp, nad
řekou Canche, východně od městečka Frévent, 30
kilometrů od Kreščáka.

kardinálů. Tam se dostalo prvního ošetření jeho třem ranám, jež si odnesl z bojiště. Král Anglický, lituje upřímně smrti krále Jana, poslal mrtvolu jeho Karlovi do téhož kláštera; odtud přijel s ní Karel 7. září do Lucemburka, kdež vystrojil otci slavný pohřeb. Na nádherném pomníku jejž Karel dal potom postaviti nad hrobem otcovým, vytesány byly figury padesáti rytířů, kteří u Kreščáka zahynuli s pánem svým.[22])

Postavení Karla jakožto krále Německého bylo po celý první rok dosti chatrné; v tom čase byl on v Němcích vzdorokrálem, a nic více. Jsa zvolen od strany papežské, byl od protivníků pohrdlivě nazýván králem kněžským. Naproti pa-

_____

[22]) Král Jan jako za živa tak ani po smrti neměl pokoje. Benediktinský klášter u města Lucemburka, v němž dle přání svého byl r. 1346 pochován, byl r. 1543 k nařízení císaře Karla V. z ohledů vojenských zbořen, načež Francouzi přenesli ostatky Janovy do kláštera františkánského. Odtud byly r. 1592 přeneseny do nového kláštera benediktinského v témž městě, který r. 1684 opět byl vypálen z pohnutek strategických, ale po roce 1688 obnoven, a kosti Janovy v něm opět uloženy. R. 1744 táhl městem Lucemburkem pluk českých vojáků, kteří slušně vyžádali si viděti ostatky svého krále, ale neslušně každý ulomil si z nich kousek na památku. Před dobytím města od Francouzů r. 1795 byly kosti Janovy schovány u pekaře; ten r. 1799 je vydal jednomu fabrikantovi v Siebenbrunnen blíže Lucemburka, odtud pak dostaly se r. 1809 do soukromé sbírky přírodnin a kuriosit v Mettlochu nedaleko Trevira, jejíž majetník přepustil je r. 1838 princi pruskému Fridrichovi Vilémovi, a ten je dal pochovati ve skvostné hrobce u vsi Kastel nad Saarou. — Nejobšírnější a nejúplnější dějiny krále Jana vydal Jan Schötter: Johann, Graf von Luxemburg und König von Böhmen, v Lucemburce 1865, dva díly.

pežské politice stála v Němcích mocná opposice, vychovaná dlouhými zápasy proti přílišnostem předešlých papežů, a v čele jejím císař Ludvík, jehož vlastní moc přese všechny klatby byla se velice rozmohla získáním nových zemí v rozličných stranách říše, v Brandenburku, v Nízozemí i v Tyrolu. Jako k volbě, tak i ku korunování Karla dostavili se sice, krom volitelů a četných duchovních, také někteří velmoži světští, kteří uznávali Karla za krále Římského, ale byla to vždy skrovná menšina. Korunování vykonáno, ne na obvyklém místě v Cáchách, nýbrž v Bonně nad Rýnem, a to dne 26. listopadu 1346, když poslové byli se vrátili z Avignona s papežským schválením volby Karlovy.

Na ten čas sokové o trůn německý nepodnikali jeden proti druhému nic rozhodného, než potýkali se toliko drobným harcováním diplomatickým a vojenským, nemnoho přiměřeným obapolné moci jejich ani veliké věci, o kterou se mezi nimi jednalo. Císař chtěl úkladně zmocniti se osoby královy, až by ten ubíral se z krajin zarýnských do Čech. Karel vydal se na tu cestu v posledních dnech r. 1346 přes Elsas, Šváby a Franky, a to ne s mocí brannou, nýbrž v přestrojení a tajně: veda koně za uzdu jako štítonoš, tak dostal se korunovaný král Římský do svého zděděného království Českého! Odtud šel v únoru 1347 přes Korutany do Tridentu, zase skrytě, toliko se třemi druhy a přestrojen za kupce. Bylť zván od biskupů a pánů tyrolských, aby vyrval tu zemi Bavorům. S pomocí obdrženou od některých pánů hornoitalských pronikl v dubnu z Tridentu ke hradu Tyrolu, kdež oblehl hraběnku Markétu, i zahnal na útěk císaře, přicházejícího na pomoc

své snaše; ale když vrátil se do země syn císa-
řův Ludvík, manžel Markétin, musel Karel ustou-
piti zpět do Tridentu. Lépe se mu dařilo na jiho-
východě; tam zmocnil se v květnu proti Bavorům
týchž italských měst a krajin, jichž byl sám před
desíti lety pro svého bratra vydobyl, i některých
jiných. Potom však odevzdal dobytá místa svým
italským pomocníkům, a v červenci a srpnu vracel
se z Italie přes Korutany a Štyrsko do Čech. Tato
tyrolská výprava byla poslední onoho druhu, který
dle našich pojmů o válce více se hodil dobrodruž-
nému rytíři nežli mocnému králi; dále již nic po-
dobného u Karla neshledáme.

V Čechách zatím konaly se přípravy k sla-
vnému *korunování* Karla na království České.
Starou korunu a jiné klenoty říšské tohoto krá-
lovství král Jan byl nepochybně zašantročil; pa-
radovalť při korunování své druhé manželky 18.
května 1337 dosti smutně bez koruny a bez or-
nátu královského. Karel potom ještě za živobytí
svého otce dal zhotoviti novou drahocennou korunu,
i žezlo a prsten ze zlata a z drahých kamenů, i
staral se, aby ji všemožně pojistil před marno-
tratností otcovou. Pročež věnoval novou korunu
svatému Vácslavovi, na jehož hlavě v kostele
Svatovítském měla vždy státi, a králové měli ji
odtud bráti toliko v den svého korunování anebo
jiné slavnosti, při které by bylo koruny zapotřebí,
a vždy ještě téhož dne měli ji na hlavu sv. Vác-
slava vrátiti. Karel při své poslední návštěvě
v Avignoně vyžádal si bullu, kterouž papež (6. kv.
1346) všecka tato ustanovení potvrdil a zachování
jich přikázal králům Českým pod pokutou klatby.
Z této příčiny koruna Karlem pořízená, kterouž
králové Čeští až do našeho věku bývali koruno-

váni, slove *Svatovácslavskou.* Jako prve (5. kv·
1344) papež přenesl právo korunování králův Če-
ských s metropolitův Mohučských na Pražské, tak
i nyní 1. září 1347 Karel z moci královské Římské
udělil arcibiskupu Pražskému privilegium, aby
jemu budoucně náleželo korunovati krále České.
Tím spůsobem konána ta slavnost potom v neděli
dne 2. září 1347, kdež Karel i Blanka korunováni
jsou od arcibiskupa Arnošta na království České.
Nádherné té slavnosti přítomno bylo ještě jiných
5 biskupů, 10 vojvod, někteří knížata a hrabata
z Němec, a šlechta ze všech zemí koruny České.
V těch dnech Karel vydal stavům českým i mo-
ravským společné potvrzení práv a svobod zem-
ských v témž spůsobu, jak to učinil otec jeho při
svém nastoupení.[23]) Slavné hody korunovací dr-
žány byly ve skvostných síních ze dřeva k tomu
cíli schválně vystavených na velkém tržišti sv.
Havla ve Starém Městě Pražském. Nazejtří 3. září
položil král základ k novému klášteru (nyní fran-
tiškánskému) před bránou Svatohavelskou (t. j.
před Můstkem), do kterého uvedl karmelitány;
mnichové dostali dřevo z budovy, ve které byla
ona hostina, ze kteréhož vystavěli si prozatímný
kostel a klášter.

V tom čase činil král přípravy k velikému
tažení proti císaři Ludvíkovi, aby konečně na něho
udeřil v Bavořích, hlavní jeho zemi. Na dobu své
nepřítomnosti ustanovil bratra svého Jana Jindřicha
za správce říše České; načež 13. října vytáhl
z Prahy ke hranicím bavorským s panstvem i mě-
šťanstvem českým, moravským a slezským. Ale

---

[23]) Širší výklad těch listin najde se v mém Českém
státním právě str. 249—255.

již v Domažlicích došla ho bezpečná zvěst, že císař Ludvík dne 11. října 1347 při honě na medvědy u Mnichova náhle zemřel, raněn jsa mrtvicí. Touto nenadálou příhodou byla válka o trůn německý odvrácena, a situace pojednou vzala dokonalou proměnu, ovšem příznivou Karlovi. Ten nenalezaje zřízeného odporu od protivníků, kteří ztratili svou hlavu, propustil u Řezna největší část vojska, a toliko s nevelkým průvodem táhl po jižním Německu od města k městu, přijímaje a vymáhaje holdování od knížat, šlechty i měst bez velkých nesnází; ačkoli zarytější protivníci pomýšleli hned na volbu vzdorokrále. Již 10. ledna 1348 sešli se v Oberlahnsteině naproti Rense plnomocníci kurfirstů strany bavorské, aby čtyřmi hlasy, ze kterých však dva byly sporné, volili nového krále Římského; zvolen jest od nich vítěz od Kreščáka, král Anglický Eduard III., který však pro odpor parlamentu nepřijal té nebezpečné cti, nýbrž naopak vstoupil s Karlem v umluvy přátelské. Potom přívrženci ovdovělé císařovny podávali korunu prvorozenci císařovu Ludvíkovi markrabí Brandenburskému, později pak volili Fridricha markrabí Míšenského, ale oba odepřeli. Množilť se mezi tím časem stále počet knížat, kteří se přiznávali ku králi Karlovi. V měsíci květnu 1348 učinil tak i mocný vojvoda Rakouský Albrecht II., i smluvena také svatba mezi jeho synem Rudolfem IV. a druhou dcerou Karlovou Kateřinou, tehdáž šestiletou. Když pokus smíření se stranou bavorskou, při kterém Albrecht Rakouský byl prostředníkem, nevedl k cíli, namanula se králi Karlovi příležitost, aby markrabí Ludvíkovi citelně uškodil v jeho zemi Brandenburské. V srpnu 1348 vyskytl se jakýsi muž, jenž pravil se býti

Waldemarem markrabím Brandenburským, který od r. 1319 pokládán byl za mrtvého a jehož země císař Ludvík dal svému synu Ludvíkovi. Říkaje, že za těch 19 let byl v cizině na pobožné pouti, hlásil se k zemím brandenburským, a během několika dní skutečně získal několik měst; docházeli víry u tamějších obyvatelů, a král neváhal uchopiti se té příležitosti proti markrabí Ludvíkovi. Sebrav vojsko z Čech i z Němec, táhl . Karel do Dolejší Lužice; a když i šlechta i čtyři okolní knížata přísežně vysvědčili, že jest to pravý Waldemar, jehož poznávají, udělil mu Karel 2. října 1348 markrabství Brandenburské v léno od říše, zároveň dal si od něho postoupiti Dolejší Lužici ku koruně České, a připravil ostatní krajiny Brandenburské skoro celé v moc Waldemarovu. Markrabí Ludvík, takto jsa vehnán do ouzkých, učinil ještě jeden pokus proti Karlovi, i poštěstilo se mu najíti hraběte, jenž se propůjčil za vzdorokrále; byl to Günther ze Schwarzburka, svého času proslulý rváč, který dlouhotrvalým loupežením byl zbohatl; ten 30. ledna 1349 byl od strany bavorské volen za krále Římského, ale ostatně nepřiznal se k němu skoro nikdo.

Dne 1. srpna 1348 zemřela v Praze královna Blanka, družka mladosti Karlovy, neobdařivši manžela žádným synem. Po půl letě hledal si Karel novou nevěstu, i pojal 4. března 1349 za manželku Annu, dceru Rudolfa[24] falckrabí Rýnského z vojvod Bavorských. Svatba slavena u ve-

---

[24] V českých knihách, i u Palackého samého, jmenuje se druhý tchán Karlův brzy Rudolfem brzy Ruprechtem; prvější jméno jest pravé, Ruprecht byl jeho bratr; viz svatební smlouvu v Hubrových Regestech Reichssachen Nr. 86.

likém spěchu v Bacharachu nad Rýnem. Falckrabí
Rudolf dal své dceři v zástavu několik hradů
v Hořejší Falci a zapsal jí dědičný nápad na vše-
chny své držebnosti pro případ, zemřel-li by sám
bez synů. Jiný a na ten čas důležitý zisk byl, že král
tím sňatkem dostal na svou stranu svého nového
tchána, který dotud byl nejvznešenějším členem
strany bavorské.

Když potom Karel s vojskem říšským vytáhl
proti Güntherovi a oblehl jej v Etvile nad Rýnem
pod Mohučí, dal se vzdorokrál do vyjednávání,
které skončilo se 26. května 1349 tím, že Günther
a nemnozí jeho přívrženci uznali Karla za krále
Římského; začež Karel zapsal Güntherovi a jeho
dědicům některé důchody v říši, a slíbil přimlu-
viti se u papeže za zrušení klatby, vyřknuté nad
císařem Ludvíkem i jeho syny. Günther ze Schwarz-
burka zemřel potom již po 19 dnech, a Karel
uznáván jest odtud jednosvorně za hlavu říše
Německé.

Po tomto stručném přehledu počátkův kralo-
vání Karlova v Němcích obrátíme se k jeho *pů-
sobnosti v království Českém*, a budeme se jí
nejvíce zabývati. Tať jest nám nejdůležitější, a
byla Karlovi samému nejmilejší. Ačkoli nikdy ne-
zanedbával říše Německé i působil tam zdárněji
nežli mnohý předchůdce i nástupce jeho, přece
dědičnému svému království Českému věnoval nej-
větší péči a zveleboval je s obzvláštním zalíbením.
Praviltě v jedné listině výslovně, že ku království
Českému před ostatními svými dědičnými nebo
šťastně nabytými držebnostmi mysl jeho lne láskou
obzvláštní, i že k povýšení, ke cti a ke zdaru
jeho vší pilností a úsilím pracuje; a jindy zase
mínil, že to nepokládá za práci nýbrž za odpo-

činutí, když přemýšlí o okrášlení a povýšení
království tohoto, poněvadž on mezi vším tím, co
drží nápadem po otci aneb co štěstím získal, po-
kládá toto království jako za vyvolený zelený sad
vzácnější mezi polemi.[25]) A slova ta šla mu
z duše. V Čechách pak nejvíce mu na srdci ležela
Praha, kterou nazval sídlem a hlavou království.[26])
Ke zvelebení království Českého pojal Karel již
ve mladších letech mnohé plány, které počal uvá-
děti ve skutek větším dílem r. 1348, v druhém
roce svého samostatného panování, když po smrti
císaře Ludvíka uznán byl ve větší částce Němec,
a vrátiv se v únoru do Čech, nabyl pokdy, aby
se mohl věnovati svým dědičným zemím.

Za tímto účelem držán byl na jaře 1348
v Praze generálný sněm koruny České, kterému
Karel předložil svoje úmysly a vyžádal si jeho
svolení k nim, pokud toho bylo zapotřebí. Krom
knížat duchovních i světských a šlechty ze zemí
českých byli tu přítomni také někteří kurfirsti a
jiní velmoži němečtí, kteří svolením svým a svě-
dectvím spoluúčinkovali při těch skutcích, jež
Karel konal jakožto král Římský. Po náležitých
úradách vydal Karel 14 listin v památný den
7. dubna 1348. Třináct jich týká se *statoprávných
poměrů* koruny České, a to dílem právního po-
stavení jejího naproti říši Německé, dílem vzáje-
mných svazků mezi údy jejími, dílem řádu nastu-
poyání na trůn český. Všecka tato privilegia vydal
Karel z moci krále Římského, a jak v některých
se praví, ku prosbě knížat a šlechty království

---

[25]) Listiny v Monum. univ. Prag II. I. 223. — Pelzel
K. Karl, Urk. I. 46.
[26]) Sedes et caput regni nostri Bohemiae. Tomek Děj.
Prahy II. 15.

Českého a zemí přivtělených.[27]) — Čtrnáctá listina týká se *vysokých škol*, a vydána jest z moci krále Českého se svolením stavu panského a rytířského v Čechách. Již děd Karlův, výtečný král Vácslav II., na sklonku 13. století zabýval se myšlenkou, zříditi v Praze vysoké učení, jakého té doby nebylo než v Italii, Francii a Anglii; ale tehdáž sešlo s toho pro odpor panstva žárlivého na duchovenstvo, jehož moc musela ovšem velice vzrůsti takovým ústavem, jakým byly středověké university. Karel pojav hned za mládí svého v Paříži lásku a úctu k vědám, zamyslil se záhy do záměru toho a provedl jej šťastně. Aby učené stupně udělované od budoucích fakult měly platnost ve všech katolických zemích, vyžádal si papežskou bullu, kterouž Kliment VI. 26. ledna 1347 dal povolení k založení obecného učení v Praze ve všech obvyklých fakultách, udělil tomu ústavu a jeho členům všech těch práv, kterých požívaly jiné vysoké školy, a ustanovil arcibiskupa Pražského za kancléře nového obecného učení. Nyní 7. dubna 1348 Karel vydal zakládací listinu; v jejím úvodě vykládá svůj úmysl v ten rozum, že obecné učení od něho zakládané sloužiti má především ku prospěchu království Českého, tak aby obyvatelé jeho, kteří po ovoci dobrých umění lační, „nemuseli o cizí almužny žebrati, nýbrž aby v království svém měli stůl připravený"; učitelům i studentům pojistil Karel vůbec ta práva, která byla v obyčeji v učení Pařížském a Bononském. Založení toto potvrdil Karel z moci krále Římského v Eisenachu 14. ledna 1349, kdež spolu

---

[27]) Obsah statoprávných listin z dne 7. dubna 1348 vyložen bude níže v souvislosti věcné.

ustanovil, aby příslušníci učení Pražského byli
účastni týchž svobod a předností, které od pře-
dešlých císařů byly propůjčeny kterýmkoli jiným
vysokým školám. První professoři byli dílem do-
morodci, dílem cizinci přivolaní sem od Karla ze
starších universit. Vyučování počalo se aspoň
z částky hned r. 1348, a roku příštího byly již
udělovány učené stupně.

Karel chtěje Prahu všemožně zvelebiti, mínil
zde míti své obyčejné sídlo; z té příčiny museli
sem k jeho dvoru táhnouti se cizinci, ovšem nej-
více poddaní jeho z Němec. Bylo to tehdáž po-
prvé, že král Český byl zároveň panovníkem Ně-
meckým. Karel přál si, aby i knížata němečtí
zvykli si častěji přebývati v Praze; za tím účelem
daroval r. 1348 vojvodovi Saskému Rudolfovi dům
na Malé Straně konec mostu, jenž až posud slove
domem Saským (jinak u Steinitzů), a podobně
markrabí Míšenskému Fridrichovi propůjčil dům
na Starém Městě (u Štupartů). Také obecné učení
Pražské, jakého nebylo nikde v střední a východní
Evropě, muselo sem přiváděti množství cizinců
z rozličných zemí. Z těch příčin bylo potřeba
rozšířiti Prahu, a Karel postaral se o to založením
Nového Města Pražského. První přípravy k tomu
učinil již na počátku roku 1347; jmenovitě byla
tehdáž vyměřena hradební zeď, která by se táhla
okolo Nového Města od Vyšehradu až k Vltavě
za Poříčí; listem pak datovaným o velkonocích
1347 opatřil Karel obec Staroměstskou proti ško-
dám, které by jí z nového založení vzejíti mohly.
Zakládací listina Nového Města Pražského byla
vydána 8. března 1348; všecka půda mezi Starým
Městem a vyměřenou hradbou Novoměstskou, po-
kud nebyla již dříve domy zastavěna, byla od

dosavadních majetníků vyvlastněna za náhradu;
kommissaři pak k tomu ustanovení, vytknuvše bu-
doucí ulice, prodávali městiště novým osadníkům.
Kdo si staveniště koupil, byl povinen v měsíci
počíti stavěti a za půldruhého leta stavbu do-
konati.

Před tím stálo již na půdě Nového Města
několik předměstí a vesnic, a to zejmena tyto:
starodávné Poříčí s kostely sv. Petra a sv. Kli-
menta, (kterýž nyní jest český evangelický helv.
v.); újezd sv. Martina, totiž skupina domů u pří-
kopa Staroměstského mezi nynějšími ulicemi Široko-
u a Spálenou, (měl tento starý újezd jméno po
kostele sv. Martina ve zdi Staroměstské, ve kterém
nyní jest lahůdkářský závod Švertáskův); vedle
něho byla Židovská zahrada, totiž hřbitov židovský
s několika domy náležejícími obci židů Pražských
i v celé zemi České; dále vesnice Opatovice v ny-
nější Opatovické a Černé ulici, s farským koste-
lem sv. Michala (nyní něm. protestantským); za
ní k vodě stálo předměstí Zderazské, táhnoucí se
od kláštera křížovníků hrobu Božího i od farského
kostela sv. Vácslava na Zderaze až ku kostelu sv.
Vojtěcha ve Smradařích čili v Jirchářích, který
byl farským již před založením Nového Města;
při rohu nynější Spálené ulice a Karlova náměstí
stál kostel sv. Lazara s nemocnicí malomocných;
od Zderazu k Botíči podél Vltavy táhlo se Pod-
skalí, staré sídlo dřevařů, se třemi kostely, z nichž
jeden sv. Kozmy a Damiána stál nad strání na
Skalce, jakž slulo celé návrší při pozdějším klá-
šteře Emauzském; na výšině nynějšího Nového
Města stála ves Rybníček s kostely sv. Štěpána
a sv. Jana na Bojišti; tento byl založen na pa-
mátku bitvy z r. 1179, a není po něm nyní žádné

stopy. Mezi Rybníčkem a Poříčí byly polnosti,
náležející větším dílem křížovníkům s červenou
hvězdou. Bývalé podhradí Vyšehradské za Botíčem
slulo tehdáž ves Psáře, a nebylo přiděleno k Novému Městu.

Noví měšťané Novoměstští byli osvobozeni ode
všech daní na 12 let a obdařeni týmiž právy a
výsadami, kterých užívali Staroměstští; avšak
Nové Město tvořilo zvláštní obec o sobě s vlastním
rychtářem a s konšely. Hlučná řemesla a pivovary měly do roka přestěhovati se ze Starého
Města na Nové; skutečně řemeslníci pracující
z kovu usadili se v nové ulici, která po nich slula
Kovářská (nynější Spálená). I židům bylo dovoleno stěhovati se na Nové Město odkudkoli, jen
ne ze Starého Města. Základní kámen k Novému
Městu položil Karel v čas velikého sněmu 26.
března 1348, počna stavěti zeď městskou od Vyšehradu ku Poříčí; ve dvou letech byla celá zeď
vystavěna i s branami a věžemi (částku té zdi
jest dosud viděti u Karlova); naproti Starému
Městu nebylo Nové Město opevněno, ale zdi a
příkopy Staroměstské přece zůstaly i se struhou,
kterou tekávala voda mezi Starým a Novým
Městem. Osazování obyvatelů a stavění domů na
Novém Městě šlo rychle před se; pro potřebu
rostoucího obyvatelstva k starším farským kostelům přibyl r. 1351 nový, sv. Jindřicha, a kostel
sv. Štěpána povýšen za farský i byl, jak se zdá,
za toho věku také přestavěn v nynější podobu;
obě ty nové fary odevzdány křížovníkům jakožto
částka náhrady za pozemky, na kterých větší část
těch osad vznikla. Král sám vystavěl tu během
času několik nových kostelů; tak již r. 1348 založil nádherný klášter a kostel Slovanský, vyžá

dav si za svého posledního pobytu v Avignoně od papeže povolení, aby v něm mohla býti konána bohoslužba v jazyku slovanském ; o zvláštním významu tohoto založení bude jednáno níže.

Téhož památného roku 1348 Karel počal stavěti hrad Karlštejn, kterýž co pevnost toho času nedobytná sloužiti měl za bezpečnou schránku říšských klenotů, ostatků svatých a archivu království Českého, i skvíti se zároveň sám vším, co nejvzácnějšího dovedla tehdáž poskytnouti umění výtvarná. —

Od měsíce září 1348 do října 1349 zdržoval se Karel v zemích německých, zaměstnán jsa záležitostmi říšskými. Za jeho nepřítomnosti spravoval království České opět bratr jeho Jan Jindřich. Když Karel několik neděl po smrti Günthera ze Schwarzburka vjel poprvé do Cách, starobylého korunovacího města králův Německých, dal se tam dne 25. července 1349 znova korunovati od arcibiskupa Balduina Trevirského; [28]) nazejtří pak byla tam za královnu Římskou korunována jeho nová manželka, Anna Falcká. Po úplném upokojení Němec přijel Karel v říjnu do Prahy, a slavil zde 1. listopadu 1349 korunování své manželky za královnu Českou; Čechové této královně Anně říkali Mečka. Odtud po čtyry leta, vyjma krátké přestávky, přebýval Karel v Čechách, nejvíce na hradě Pražském.

Princ Jan Jindřich po svém vypuzení z Tyrolu zdržoval se obyčejně v Praze, kdež měl dům na

---

[28]) Huber, Regesta Nr. 1079a, proti Palackému, Děj. II. 2. 96. Poněvadž Karel sám jmenoval ten obřad korunováním svým, dlužno na tom přestati; a když nebylo nové volby, mizí tím právní kontradikce, na kterou ukazoval Palacký.

Starém Městě na místě nynějšího paláce hr. Clam-Gallasa. V dorozumění se svým královským bratrem vymohl si r. 1349 církevní rozvod od své bývalé manželky Markéty Maultaše; potom r. 1350 vstoupil do nového manželství s Markétou dcerou Mikuláše II. vojvody Opavského. Mezi tím král Karel 26. prosince 1349 udělil mu markrabství Moravské v dědičné léno od koruny České; učinil tak podle přání otcova, vysloveného v testamentě krále Jana, daném již 9. září 1340. Bratrská shoda a láska trvala mezi Karlem a Janem Jindřichem po všechny dni jejich života; a jako panování Karlovo v Čechách bylo slavné a šťastné, tak i vladaření jeho bratra v Moravě bylo pokojné a požehnané, i zachovalo se u Moravanů v paměti tím lepší, čím smutnější jim nastaly časy brzo po smrti markrabí Jana Jindřicha († 1375).

S první manželkou Blankou měl Karel toliko dvě dcery; starší Markéta narozená r. 1335, zemřela r. 1349 jakožto manželka krále Uherského Ludvíka; mladší Kateřina, rozená 1342, byla po zasnoubení svém s Rudolfem Rakouským r. 1348 dána do Vídně ke tchyni na vychování. Když druhá manželka Karlova Anna 17. ledna 1350 porodila syna, byla z toho radost veliká; vytoužený dědic trůnu obdržel na křtu jméno Vácslav. Otec v radosti a starostlivosti své vyžádal si na stavích, že hned téhož roku učinili nemluvněti slib věrnosti jakožto nástupci trůnu. Ale prvorozený Vácslav zemřel nedočkav se ani dvou let.

V měsíci únoru 1350 měl král Karel sjezd s knížaty německými v Budišíně, kdež dokonán jest smír s knížaty Bavorskými. Král Dánský tam přítomný a jiní knížata svědčili, že Waldemar markrabí Brandenburský jest podvodník; načež Karel podle rozsudku vyneseného od falckrabí Ruprechta udělil marku Brandenburskou i Dolejší Lužici třem bratrům Bavorským, Ludvíkovi, Ludvíkovi Římanovi a Otovi; též odřekl se král za sebe i za bratra svého Tyrolu i Korutan, a slíbil přičiniti se, aby církevní klatba byla sňata s rodu Bavorského; naproti tomu markrabí Ludvík odřekl se Hořejší Lužice ve prospěch koruny České, a zavázal se vydati králi klenoty a svátosti říšské, jež po svém otci byl dosud přechovával.

Po sjezdu Budišínském král s některými knížaty říšskými zavítal do Prahy, kamž potom 21. března 1350 přivezeny byly z Mnichova *svátosti říšské*, a příchod jich oslaven zde nejnádhernějším průvodem z Vyšehradu na hrad Pražský. Byly to předně odznaky císařské: zlatá koruna Karla Velikého, zlaté jablko říšské, žezlo stříbrné, prsten a některá roucha téhož zakladatele císařství středověkého. Krom těchto klenotů říšských náležely k tak řečeným svátostem rozličné věci, kterým se přičítal původ posvátný, jako: kříž zlatý se vloženým do něho kopím Longinovým, jeden hřebík, kterým byl Kristus na kříži přibit, velká část svatého kříže, zub sv. Jana křtitele, rameno sv. Anny, meč, jejž prý anděl přinesl Karlu Velikému na pohany a j. v. Když Karlštejn byl vystaven, byly tyto svátosti v něm chovány, a jednou za rok odtamtud vozeny do Prahy a zde veřejně ukazovány vždy v pátek po neděli provodní, kterýž den nazván dnem svátostí. Z povolení papeže Innocence VI. (13. ún. 1354) byl to v Čechách svátek zasvěcený, a dány také odpustky věřícím, kteří by v ten den vykonali zde předepsané pobožnosti; i hrnuli se sem za tím účelem každoročně poutníci z Čech i z okolních zemí v náramném počtu.

Svátosti byly jim ukazovány ve dřevěné věži vystavěné uprostřed Karlova náměstí, a po roce 1382 vystaven tam byl k témuž účelu krásný kostelík Božího Těla.

Praha, jmenovitě Nové Město, těmito poutmi velice získala. Ke zvelebení Nového Města učinil Karel r. 1350 zase nové slavné založení. Roku předešlého obdržel v Cáchách od tamější kapituly tři zuby Karla Velikého, a to bylo mu nejspíš první pohnutkou, aby vystavěl v Praze kostel na jméno tohoto předchůdce svého v císařství, jenž ostatně jest dosti podivným svatým.[29]) Znamenitý kostel ten založil Karel 18. září 1350, a současně stavěl při něm klášter řeholních kanovníků sv. Augustina; okolní nejvyšší částka Nového Města slula potom celá Karlovem.

V měsíci říjnu 1350 roznemohl se Karel v Praze na neznámou nemoc, ale povážlivě; byl prý ochromen, a ruce i nohy se mu skroutily. Po několika nedělích nemoc ulevila, v únoru 1351 již shledáváme ho na cestách po Čechách, ale trvalo prý to rok, než zúplna ozdravěl. O nemoci té roznesly se všelijaké povídačky, jaké v podobných případech hemží se v kronikách středověkých; v Němcích se mluvilo, že král byl otráven od svého bratra; a v Italii zase věděli, že ho z pošetilosti otrávila vlastní manželka Anna, davši mu prý cosi užívati pro lásku, a museli prý ho léčiti mocným prostředkem, — vyškubáním vlasů.

---

[29]) Karel Veliký byl vyhlášen za svatého od císařského vzdoropapeže Paschala III. 29. pros. 1165, jenž se chtěl tím zalichotiti svému tvůrci Fridrichovi Barbarossovi a takořka posvětiti jeho světopanovačnost brodící se v krvi. Papežem Římským byl tehdáž Alexander III. (1159-1180).

Pošetilost v tom ovšem byla, že se věřilo takovým báchorkám.

Té doby dlel v Čechách proslulý blouznivec a obnovitel republiky Římské *Cola di Rienzo.* Muž tento o svatodušních svátcích 1347 ve shromáždění lidu uchopil se vlády v Římě pode jménem tribuna, zmocnil se valné částky státu papežského tehdáž rozpadlého, vyhlásil lid Římský za pána celého světa, i volal císaře Ludvíka a krále Karla, svářící se o trůn Římský, před svou stolici soudnou k zodpovídání. Ale již po sedmi měsících složil vládu v Římě, utekl z města a zdržoval se v Abruzzách mezi poustevníky, jejichž učení o chudobě jakožto nejdokonalejším stavu na zemi bylo od církve vyhlášeno za kacířské; poustevníci zabývali se také mnoho prorokováním, jmenovitě o velikém převratě, který brzy má nastati ve světě, a jeden z nich, fra Angelo, namluvil Kolovi, že jemu a králi Karlovi náleží veliká úloha v té nastávající proměně. Z té pohnutky přišel Kola v postě 1350 tajně do Prahy; zde seznámil se s jedním lékárníkem z Florencie v Praze usedlým, který mu v červenci vymohl slyšení u krále. Karel seznav jeho blouznění, slíbil mu odpuštění za urážku, které se dopustil proti němu před třemi lety, a vyslýchal potom Kolu opětovně u přítomnosti arcibiskupa Arnošta a jiných theologů. Také král vyžádal si od Koly, aby mu písemně podal své myšlenky o reformaci církve a říše Římské; podle toho plánu byl, by měl Karel usaditi se v Římě a panovati odtamtud celému světu na spůsob starověkých císařův; naproti čemuž Karel vyslovoval své mínění v ten rozum, že říše Římská v někdejším svém spůsobu nemůže již býti obnovena od žádného člověka, a toliko leda zázrakem od Boha by mohla znovuzřízena býti. Poněvadž mnohé výroky Kolovy protivily se učení církevnímu, odevzdal král toho blouznivce arcibiskupovi Arnoštovi k opatrování na hradě Roudnickém. Arcibiskup choval se ke svému vězni ne s inquisitorskou krutostí, nýbrž s apoštolskou mírností; psalť mu i to, že ačkoli on sám není spokojen se spisy Kolovými, přece pokládá za jisté, pocházejí-li zámysly a plány jeho od Boha, že nebudou moci býti zmařeny od lidí. I král zabýval se s uvězněným Kolou dále, jako člověk s člověkem, ne jako panovník s vězněm. Kola poslal z Roudnice králi nový spis, ve kterém znova vykládal své božské poslání k obnově říše; chtěje se dostati na svobodu, dokazoval v tomto listě o sobě, že prý jest nemanželským synem děda Karlova, císaře Jindřicha VII., a nabízel se, že by mínil v Římě připravovati cesty Karlovi jako Jan Křtitel Kristovi. Král odpověděl k tomuto honosivému listu též písemně, vesměs spůsobem učeně theologickým a po kazatelsku káravým; a co se týče vybájeného původu Kolova z rodu Lucemburského, to odbyl Karel krátce a s dobrým taktem, řka, že on se o to hádati nemůže, neboť ví prý jen tolik, že jsme všichni synové Adamovi, utvoření z bláta země, do které všichni se vrátíme. Uvězněný tribun byl těmi důtkami uražen a odpověděl králi směle i hrdě; též s arcibiskupem Arnoštem dopisoval si o týchž věcech. Když pak papež Kliment VI. žádal za vydání Koly jakožto kacíře, uposlechl král a dal vězně v červenci 1351 odvésti do Avignona, ale přimluvil se za něho u papeže. Tam byl Kola souzen pro svůj Římský tribunát, nikoli pro své řeči Pražské, i odsouzen na smrt; dostal však milost, a nový pa-

pež Innocenc VI. chtěl ho dokonce použiti k obno-
vení státu církevního, i poslal ho do Říma; tam
pak divný ten muž po krátkém novém panství
byl z návodu šlechty zavražděn 8. října 1354.

Rok po smrti Karlova prvorozence Vácslava
zemřela královna Anna dne 2. února 1353; po-
něvadž neměla jiných dětí, pozbyl tím Karel také
nápadu na dědictví její v Hořejší Falci, kterou
chtěl připojiti ku koruně České. Zároveň však zase
nabyl volné ruky, aby mohl vyplniti jiné své dávné
praní. Ze všech knížat slezských jen ještě Bolek Sví-
dnický zůstával nezávislý od koruny České; byl bez-
dětek, a neměl bližších příbuzných než neteř Annu,
která byla na vychování u svého ujce Ludvíka, krále
Uherského. Král Karel brzo po smrti své druhé
manželky počal se ucházeti o tuto dědičku knížectví
Svídnického, a již 27. května 1353 slavil v Budíně
svatbu s krásnou čtrnáctiletou nevěstou. Při tom
Karel, jakožto král Český, odřekl se vrchního len-
ního panství (na onen čas jalového) nad vojvod-
stvím Plockým a Mazovským ve prospěch krále
Polského Kazimíra, újce Bolkova, a obdržel za to
ve Slezích Bytom a Krucburk, krom dědičného
nápadu na vojvodství Svídnické a Javorské. Z Bu-
dína jel Karel s novou manželkou do Svídnice,
kdež dne 4. července obyvatelé vojvodství Svídni-
ckého a Javorského učinili královně Anně pří-
sahu věrnosti na ten případ, až by kníže Bolek
a jeho manželka zemřeli. Potom Anna Svídnická
byla 28. července korunována v Praze za královnu
Českou.

Téhož roku 1353 Karel nabyl znamenitého
majetku v Hořejší Falci, ač ne zdarma. Falckra-
bové Rýnští byli mu dlužni z předešlých let
12.000 kop grošů Pražských a 20.000 hřiven stří-

bra; v těchto summách postoupili nyní Karlovi četné
své hrady a města při západních hranicích českých,
čímž panství české rozšířilo se v té straně až na-
blízko k Normberku.

V srpnu 1353 odebral se Karel do Němec,
a zůstal tam skoro rok. V lednu 1354 přijela
k němu do Frankfurta manželka Anna Svídnická,
kterouž dal potom v Cáchách 9. února korunovati
za královnu Římskou. V ten čas učinil také proměnu
ve hrabství Lucemburském. Karel hned po smrti
svého otce r. 1346 byl se uvázal v tuto zemi
k vlastní ruce, a dával ji potom spravovati skrze
prastrýce svého Balduina arcibiskupa Trevirského,
jemuž byl velké summy dlužen a jenž zastupoval
časem Karla i v některých záležitostech říšských.
Nyní na sklonku r. 1353, nedlouho před smrtí to-
hoto arcibiskupa († 21. ledna 1354), odevzdal
Karel hrabství Lucemburské svému nevlastnímu
bratru Vácslavovi, toho času sedmnáctiletému; tak
bylo vymíněno hned r. 1334 ve svatební smlouvě mezi
králem Janem a jeho druhou manželkou Beatricí
matkou Vácslavovou, ku kteréžto smlouvě oba starší
synové Janovi se byli r. 1335 přiznali. Brzo po tom
odevzdání dne 13. března 1354 Karel povýšil téhož
bratra Vácslava za knížete a vojvodu, a jeho zemi
Lucemburskou za vojvodství. Ostatně král po celý
rok byl v Němcích zaměstnán uklízením rozepří
mezi členy říše a uvozováním míru zemského; a
sotva že v červenci zavítal na několik dní do
Prahy, již zase chvátal do Němec, aby tam dílo
svoje dokonal. Byloť potřebí zabezpečiti pokoj
v Němcích bytelněji, poněvadž král chystal se na
výpravu Římskou.

Karel hned po smíření s vojvodami Bavor-
skými r. 1350 projevoval úmysl, vypraviti se do

Italie, aby tam užil práva a vykonal povinnosti, které náležely králům Římským; ale provedení toho úmyslu protahovalo se rok od roku předně pro neochotu a žárlivost papeže, pak pro půtky a různice v Němcích. Karel měl v hořejší Italii některé přívržence hned od r. 1347; později města toskánská opětovně jej k sobě volala, ale horlivost jejich vždy stoupala i klesala jen podle míry nátisků, jež jim činil Jan Visconti, arcibiskup Milanský a pán veliké části Lombardie. Od r. 1351 vybízel Karla do Italie také proslavený básník a ideální vlastenec Petrarca, jenž zahloubav se do slavné starověkosti své vlasti, očekával od Karla sjednocení Italie a obnovu světovlády Římské, jakž o tom blouznil také Cola di Rienzo. Takových nadějí však Karel vyplniti nemohl a nechtěl. Onť již ve svých jinošských letech poznal rozervanost poměrů italských, a prohledl i zošklivil si vrtkavost a úskočnost Italianů; on již tehdáž zakusil nesnáze opravdového panství v Italii, a nyní střízlivým politickým rozumem viděl na odstrašujících příkladech předchůdců svých, císařů Jindřicha VII. a Ludvíka Bavora, kam to vede, pokouší-li se král Římský násilím rozšířiti práva svoje v Italii za meze vytknuté obapolnými smluvami. Úmysl krále Karla nesáhal dále, než aby v Římě zjednal si titul císařský a aby obnovil právo říše Německé v Italii v té uskrovněné míře, na kterou za posledních sto let bylo skleslo.

Za takovým cílem král Karel na počátku října 1354 vydal se na cestu z Němec Salzburkem do Italie, v patrném spěchu. Sestupuje s Alp do Friulska, měl s sebou sice dosti četný průvod knížat a pánů z Čech i Němec, ale toliko o 300 koních. Teprva z Videma vypravil poselstvo do

Avignona, aby papeži Innocentiovi VI. opovědělo
výpravu Římskou i prosilo ho o vyslání kardinálů,
kteří by Karla korunovali za císaře; pak také
psal do Němec knížatům a městům, aby za ním
vypravili obyčejné průvody k cestě korunovací.
Ve Friulsku připojil se k němu, krom jiných pánů
italských, také jeho nevlastní bratr, Mikuláš pa-
triarcha Aquilejský, levobóček někdy krále Jana.
V Mantově zdržel se sedm neděl, a pilným vy-
jednáváním spůsobil příměří mezi státy horno-
italskými, i smluvil se také s Viskonty Milanskými,
že mají podržeti vládu ve svém územku, a za to
přispějí králi k výpravě Římské penězi (60.000
dukátů) a tlupou jízdy. Po takovém narovnání se
svými nejmocnějšími protivníky, kteří se k němu
dále chovali s uctivostí velice podezřelou ano
hrozivou, byl korunován v jejich hlavním městě
Milaně v kostele sv. Ambrože dne 5. ledna 1355
železnou korunou na království Lombardské. Pak
hnuv se do Toskany, přebýval dva měsíce v Pise;
tam dne 8. února přijela k němu královna Anna
s arcibiskupem Arnoštem v průvodu četného i ná-
dherného rytířstva z Čech i z Němec, celkem
o 4000 koňů. Páni světští i duchovní v hořejší
Italii i v Tuscii jeden po druhém přihlašovali se
ku králi, holdujíce jemu a žádajíce i přijímajíce
od něho potvrzení držebností a privilegií svých.
Podobně činila i svobodná města toskanská, a na-
posledy ani Florencii nezbylo nic jiného nežli
smluviti se s králem; hrdé to město, které někdy
císaři Jindřichovi VII. úspěšně vzdorovalo, holdo-
valo jeho vnukovi dne 21. března skrze plno-
mocníky, slíbilo platiti jemu 4000 dukátů roční
daně, a jménem zadržalých daní vyplatiti v krát-
kosti 100.000 dukátů; začež Karel potvrdil samo-

správu i svézákonnost té obce a úředníky její jmenoval náměstky říšskými.

Z Pisy táhl přes Sienu k Římu, kdež dne 1. dubna položil se před branami města, maje s sebou krom rytířstva českého a německého též 10.000 italských jezdců, kteří ho doprovázeli k oslavě korunování. Nazejtří na zelený čtvrtek král s některými pány vešel nepoznán do města, ustrojen jsa do hnědých šatů kroje Římského, a na velký pátek i bílou sobotu na zapřenou v oděvu poutnickém navštěvoval kostely a prohlížel si jiné znamenitosti města caesarův a papežův. Na velkou neděli dne 5. dubna 1355 přede dnem vrátil se před bránu do svého ležení vojenského, odkudž pak dopoledne v největší nádheře se skvělým průvodem vjel slavně do věčného města, a obdržel ve Vatikánské basilice sv. Petra od kardinála Petra Ostienského jakožto plnomocníka papežova onu korunu, která dle obecné víry katolického středověku udělovala člověku nejvyšší světské důstojenství na zemi. Potom i manželka jeho Anna Svídnická byla korunována za císařovnu. Po korunování jel císař v nádherném průvodě pod korunou a ve všem ornátě císařském přes Tiberu po mostě Aeliově, kdež pasoval veliký počet svých průvodčích na rytířství, a dále do Laterána k hodům korunovacím. Dle slibu daného papeži r. 1346 při volbě za krále Římského opustil Karel hned v den korunování město Řím, a bez dlouhého meškání táhl nazpět do Toskany; tam přebýval některý čas v Sieně a v Pise, jsa zaměstnán rovnáním spletených záležitostí v drobných státech italských. Tam také rozpustil vojsko své, zanechav při sobě toliko 1200 jezdců.

Cíl Karlův byl dosažen, — ač naděje Petrarkovy ovšem zůstaly nevyplněny. Vládaři a republiky italské vzdávali mu čest jakožto císaři svému, třeba by při tom myslili na zradu, a odváděli mu znamenité poplatky, ač nikdo z nich nemínil nad sebou trpěti takového panství císařského, které by skracovalo jejich samovládu nebo samosprávu. Někteří chtěli užiti císaře toliko ku potlačení svých protivníků, kdežto on, jako někdy otec jeho r. 1331, hleděl všemožně soupeře smiřovati a všem stranám jistý podíl v moci a právích opatřiti. Všecky státy italské ve 14. století byly rozryty stranami, kteréž náruživě pronásledovaly jedna druhou, snovouce pikle a převraty bez konce. Tu zápasili tyranni s republikány, tam papežští guelfové s protipapežskými ghibelliny, onde šlechta s měšťanstvem, jinde měšťanstvo s drobným lidem atd. atd. Italiáni sami nejvíce se divili, že v tom rozháraném stavu jejich vlasti Karel provedl korunování své bez krveprolití, čehož ovšem nebylo tehdáž pamětníka; jen charakter tak eminentně vyjednávací, jakým byl Karel, mohl to dovésti; byl to tanec mezi vejci. Císař při zjevné nepřízni mnohých a vrtkavosti všech nemohl se spoléhati nikde na nikoho.

To zakusil v l'ise s nebezpečenstvím života svého. Když Karel jel do Říma, holdovaly mu v Pise obě strany, ve které to město bylo roztrženo; když pak na zpátečné cestě zastavil se opět v Pise, lid pobouřen byl křivými klevetami, jakoby císař chtěl Florenčanům prodati město Lukku, kteréž bylo Pisanským poddáno a také od císaře jim potvrzeno. V noci z 20. na 21. květen zapálena radnice, ve které dvůr císařský přebýval, tak že císař s císařovnou sotva utekli ohni polonazí. Nazejtří strhlo se vzbouření, zosnované od spiklenců; obě strany, v tu chvíli svorné, volaly: Smrt císaři! Ulice byly zataraseny barrikádami, lid vrhal se na čeleď císařovu. Na neštěstí větší část průvodu císařova ležela za řekou Arnem, a dlouho to trvalo než se protloukla přes most, osazený od povstalců. Během těchto bojů jedna měšťanská strana najednou se přidala zase k císaři, a pomohla mu přemoci stranu protivnou. Z průvodu Karlova zahynulo 150 mužů. Císař dal náčelníky zpoury souditi, a sedm jich bylo dne 26. května odpraveno. Potom císař bez meškání odejel do severnějšího města Pietra Santa, zanechav v Pise udatného biskupa Augšpurského. Neupřímnost Italianů zhnusila se mu na novo velice; pročež opustiv 15. června Pietru Santu, ujížděl bez delších zastávek přes Lombardii a Valtellinou přes Alpy na Curich ve Švábích; dne 3. července byl již v Augšpurce.

Císař pozdržev se měsíc v jižních Němcích, vracel se pak po celoroční nepřítomnosti do svého milého království Českého. Když zde dne 15. srpna 1355 od Břevnova vjížděl slavně do Prahy, vítán jest s radostí a okázalostí ještě větší než jindy; byloť to poprvé, že Čechové císaře Římského, jemuž dle středověké víry příslušelo vrchní panství nad celým světem, mohli nazývati svým. První péče Karlova po dosažení této nejvyšší autority nesla se k tomu, aby novými základními zákony oběma říším svým, České i Německé, pojistil na budoucí věky pevný řád a bezpečnost práva. Stalo se to na sněmích nad obyčej slavných.

Předně v Praze okolo sv. Václava 1355 držán valný sněm, k němuž sešli se knížata, páni a rytíři i poslové z měst všech zemí koruny České. Se svolením toho sněmu vydal císař zákony o řádu nástupnictví na trůně a o celitosti koruny České, které spolu s listinami vydanými na slavném sněmu r. 1348 tvoří podstatu státního práva českého, která od té doby po všecky věky zůstala v platnosti. Dědičnost trůnu českého byla tehdáž rozšířena také na moravskou linii rodu Lucemburského; čehož viděla se potřeba, poněvadž Karel po smrti svého prvorozence Vácslava († 30. pros. 1351) zůstával bez přirozeného mužského dědice, a tudy mohlo se přihoditi, že by po něm děditi měl bratr Jan Jindřich markrabí Moravský nebo jeho potomci. Jiné důležité jednání na tom sněmu týkalo se nového zákonníka království Českého, jenž měl se nazývati Majestas Carolina; Karel dal ho již před lety sepsati a domáhal se opětně, aby byl od sněmu přijat; ale panstvo zpěčovalo se podniknouti ten zákonník, a Karel jej nyní odvolal; tolik však přece vymohl, že některé navrhované kusy byly sněmovním snešením za zákon vyhlášeny a nabyly platnosti.

V říši Německé držel Karel slavný sněm ku konci roku 1355 v Normberce a druhý o rok později v Metách; na těchto dvou sněmích ujednána byla proslulá Zlatá Bulla císaře Karla IV., t. j. souhrn zákonů o volbě krále Německého a o jiných důležitých otázkách, které dotud na sporu zůstávaly. Zlatou Bullou spravovala se pak říše Německá jakožto svým hlavním základním zákonem po všecky časy až do svého zániku na počátku našeho století. — O této zákonodárné činnosti Karlově, jak v Čechách tak i v Němcích, bude místnější řeč níže.

Zde přihlédneme toliko k opatřením, jež bylo císaři činiti k zabezpečení pokoje a pořádku v Čechách. Ačkoli Karel již za svého vladaření jakožto

markrabí mocí brannou i sněmovními zákony pe-
·čoval o zřízení dobrého řádu a bezpečnosti v zemi,
přece ještě i za jeho kralování propukalo loupe-
žnictví a jiné násilnictví značnou měrou. Bandy
loupežníků po 60 i 100 chlapích toulávaly se po
zemi, sužujíce bezbranný lid a chytajíce zámožné
osoby, ano bývaly i přechovávány na hradech od
některých šlechticů; také do sousedních zemí či-
něny loupežné vpády v záštích panských, což zase
od Němců i Poláků bývalo na vzájem spláceno a
mstěno. V roce 1354 a následujících, když Karel
zdržoval se více v cizích zemích, přibylo těch
nepořádků. Z té příčiny císař se svolením sněmu
Svatovácslavského r. 1355 vydal zákon, kterým se
zostřovaly tresty vyměřené na násilníky; zejména
proti vznešeným zbojníkům bylo ustanoveno, jestli
by který pán, vládyka, měšťan nebo kdokoli kte-
réhokoli stavu byl pro loupež, krádež nebo jiný
zločin odsouzen cti, hrdla a statku, že tomu a
takovému král může sice z milosti prominouti
trest na hrdle a statku, ale nikoli navrátiti čest;
tak že takový má zůstati navždy bezectným, a
nemůže k nižádným skutkům právním nebo čest-
ným připuštěn býti na soudě ani mimo soud. To-
hoto zákona ulekli se prý mnozí a zanechali lou-
pežného řemesla, ne však všichni.

Jedním z loupežnických hnízd byl toho času
hrad Žampach ve východních Čechách; nacházel
se v moci rytíře Jana (ze Snojma) příjmím Pan-
céře, jejž Karel dříve pro jeho udatnost sám byl
pasoval na rytířství. Na tohoto zbojníka vypravil
se Karel vojensky ku konci června 1356, dobyl
Žampachu, a jatého Pancéře kázal na místě obě-
siti, pomáhaje vlastníma rukama při jeho popravě.
Příběh tento, tak jako dřívější zahynutí pana Mi-

kuláše z Potenštejna v ssutinách věže hradu Potštejnského, nadlouho utkvěl v paměti lidu, i vyozdobován byl v pověsti víc a více.[30]) Takových výprav proti loupežníkům s výsledkem podobným ač méně proslulým vykonáno více.

Krom toho býval Karel nucen zakročovati mocí brannou proti nejpřednějším pánům, kteří dávali se v odboje. Jest toho několik příkladů. Tak ku konci r. 1351 Jindřich ze Hradce, Petr ze Šternberka, Rosenberkové a jiní páni pro soukromé rozepře dali se do války s některými pány rakouskými i s Vilémem z Landšteina, tehdáž nejvyšším purkrabím Pražským; král pokořil ty pány v únoru 1352, že museli žádati o milost. Zase r. 1356 bylo císaři přemáhati odboj, který počali Rosenberkové proti koruně, za příčinou rozepře právní; a téhož roku po odpravení Pancéře pokořen znova pan Jindřich ze Hradce, který proti soudu zemskému směl chrániti mana svého, usvědčeného z vraždy; Jindřich byl na dvě leta vypovězen z koruny České. Toto mocné zakročování císaře Karla r. 1356 zastrašilo jak zpupné pány tak i lupiče ze řemesla; od té doby jen ještě jednou, a to po 11 letech jest zmínka o lotřích,

---

[30]) Postup té pověsti možno stopovati srovnáním Beneše z Weitmile str. 367 (jehož jsem se přidržel), s Hájkem l. 329, s Balbinem Epit. p. 366, a s Beckovským str. 553. Odtud pošla také bývalá česká pořekadla: „Brní jako Pancířova košile" (viz Palackého Děj. II. 2. 143), „Cháska od Žamberka, pacholek od Žamberka" (Jungmann). Co se týče doby dobytí Žampachu, viz Tomkův Děj. Prahy II. 89, a srovnej Huberovy Regesta čís. 2469. Hrad Žampach s příslušenstvím byl zkonfiskován, a později roku nejistého dal jej Karel Čeňkovi z Potenštejna, jednomu ze synův Mikuláše zde připomínaného; Huber Reg. 4548.

že prý jich v Čechách mnoho bylo utraceno. Ostatně po roce 1356 (podle slov souvěkého letopisce) „vše se utišilo, a trval dobrý a nejlepší pokoj v Čechách a v okolních zemích po všechny časy, dokud císař na živě byl; takový pokoj, jakého nebylo pamětníka, aniž v kronikách o takovém se čítalo."[31])

Po slavném sněmu Metském Karel vrátiv se do Čech, slavil zde dne 27. března 1357 u přítomnosti četných biskupů, knížat a pánů zasvěcení hradu *Karlštejna*, již dostavěného. Téhož dne založil tam kollegium čtyř kanovníků s děkanem v čele, i předepsal jim se svolením arcibiskupa Arnošta přísný řád života vůbec a bohoslužby zvlášť. I v pozdějších letech pracovalo se ještě o vykrašlování kaplí toho hradu malbami, a císař rád a dosti často tam přebýval. Tamť Karel snesl a uložil velikou část toho, co mu bylo nejdražšího a nejvzácnějšího, tam krasoumná mysl jeho mohla se kochati v nejnádhernějším díle svém, tam duše jeho pohroužela se v nábožné rozjímání, mníc se býti tam nejbližší náboženskému ideálu svému. V přepevném a největším uměním opatřeném hradě tomto dal Karel chovati korunu a ostatní klenoty říšské království Českého, všechna privilegia zemská, též klenoty a svátosti říše Německé, i mnohé ostatky svatých, kterých na svých cestách v Němcích a v Italii veliký počet si vyžádal a obdržel. Při oltáři sv. Kříže v kapli téhož jména, kdež chovány byly ostatky vztahující se k umučení Páně, neměl dle nařízení Karlova nikdy sloužiti mši kněz nižšího důstojenství nežli biskup; a ve věži hradské, kdež ta kaple se nachází, ne-

---

[31]) Beneš 367, 368, 392.

měla nikdy žádná žena noclehovati. Ke stálému hlídání hradu zřídil Karel many Karlštejnské, kteří za tu povinnost užívali drobných statků manských v okolních osadách; vrchní dozor měl purkrabí Karlštejnský, kterýžto úřad nadán byl znamenitými statky, tak že býval nejvýnosnějším úřadem v zemi; pro velikou důležitost toho hradu a vzácnost věcí tam chovaných byl purkrabí Karlštejnský připočten k nejvyšším úředníkům zemským čili k ministrům, jak bychom nyní řekli.

Téhož roku 1357 dne 9. července císař položil základní kámen k jinému slavnému dílu svému, k *mostu Pražskému*. Již dříve byl v Praze kamenný most přes Vltavu, vystavený asi v letech 1164—1167 od královny Judity, manželky krále Vladislava; k velikému zármutku Pražan byl ten most povodní a krami ledu dne 3. února 1342 s větší část zbořen a odnešen, tak že toliko asi třetí neb čtvrtá část jeho státi zůstala; jakoby koruna království upadla, tak prý připadalo lidem, když ten most sesul se.[32] Po tomto neštěstí zamýšlel Karel pobořený most restaurovati, ale upuštěno od toho, a s použitím jeho zbytků postaven toliko prozatímný most ze dřeva. Teprv po dostavění Karlštejna roku 1357 založen vedle starého

---

[32] František 195. Jeden oblouk Juditina mostu stojí podnes, a sice pod jihozápadním rohem kláštera křížovnického, za zády pomníku Karlova. Juditin most byl značně užší a nižší než Karlův; šířka jeho činí asi 6·72 metrů, kdežto Karlův jest 10·54 metrů široký; vrchol příbřežného oblouka jest nad normální vodou asi 3·30 m. vyvýšen, ostatní oblouky musely býti ovšem vyšší, ale u Karlova mostu dosahují až 12·64 m. Ostatně viz o mostě Juditině Zprávy spolku architektů a inženýrů v království Českém, 1878 str. 95.

nový most kamenný, širší a vyšší, a tudy bytelnější. Stavbu jeho řídil Petr Parléř, druhý stavitel chrámu Svatovítského, povolaný sem od Karla r. 1353 ze Gmünda ve Švábích.

V těchto letech bylo císaři znikati rozličných nesnází, jež se mu rojily z příčiny vydání Zlaté Bully v říši Německé; tak r. 1357 s vojvodami Bavorskými, r. 1359 s papežem Innocencem VI., a nejvíce s vojvodou Rakouským. Pozastavíme se toliko u této záležitosti. Po smrti vojvody Rakouského Albrechta II., příjmím Chromého i Moudrého († 20. čce. 1358), nastoupil jeho syn *Rudolf IV.*, který měl dceru Karlovu Kateřinu za manželku. Jsa mysli smělé a podnikavé, hleděl vyrovnati se nejpřednějším knížatům, i napodobil částečně svého tchána; takž založil universitu ve Vídni, stavěl tam chrám sv. Štěpána, sbíral ostatky svatých, přičiňoval se o zřízení biskupství ve Vídni a j. v. Zlatou Bullou pokládal se za skrácena, poněvadž v ní kurfirstové byli nadáni velikými výsadami a vysoce povýšeni nad ostatní knížata, tedy také nad vojvody Rakouské, kteří dle rozsahu svých zemí ovšem náleželi již k nejmocnějším knížatům v Němcích. Aby i ve právích co možná vyrovnal se kurfirstům, k tomu Rudolf volil prostředek podloudný. Dalť sobě vyhotoviti křivá privilegia, jakoby byla udělena vojvodům Rakouským od dávných císařů Římských, a to od Julia Caesara, Nerona, Jindřicha IV. a jiných až do krále Rudolfa I. Do těchto podvržených privilegií dal sobě Rudolf IV. vložiti některá práva, jež Zlatou Bullou byla udělena kurfirstům, a mimo to vymyslil si ke svému povýšení některé jiné výsady a tituly. Ku příkladu praví se v těch falsifikátech, že vojvoda Rakouský má býti pokládán za falckého arcivojvodu,[33]) jemuž náleží první místo hned po kurfirstech; též se mu dává právo nabývati jiných zemí všemi právními spůsoby, i právo nepřijímati od říše léna jinde než v zemi Rakouské s tím doložením, že kdyby udělení léna bylo vojvodovi odepřeno po trojím písemném požádání, on má léna svá držeti tak jako by je byl osobně obdržel. Tato poslední výsada, v Němcích doprosta neslýchaná, byla vymyšlena k tomu účelu, aby Rudolf mohl se uvázati v zemi Tyrolskou i kdyby císař Karel tomu odporoval; za týmž účelem vojvoda Rudolf vymohl si 2. září 1359 od Markéty Maultaše listinu, kterou ona na případ své bezdětné smrti ustanovila jeho za dědice hrabství Tyrolského. S podvrženými privilegiemi vytasil se Rudolf nejspíš na jaře 1359, když byl návštěvou u svého tchána v Praze; císař poznal hned směšnost privilegií Julia Caesara a Nerona, v čemž ho pak dotvrdil i Petrarka, toho času nejvýtečnější znatel starobylosti římské; ale ani ostatních podvržených privilegií, poněvadž před tím v říši nic se o nich nevědělo, nechtěl Karel uznati. Proto vojvoda Rudolf od té doby vynasnažoval se zjednati spolek knížat proti císaři, a snoval pikle na pikle proti svému tchánovi za celý čas svého panování.

Hned během r. 1359 jednal Rudolf v tajnosti s některými knížaty německými i se dvorem Avignonským o volbu nového krále Římského; roztrušoval, že někteří chtějí voliti Ludvíka krále Uherského, ale na druhé straně konal přípravy

---

[33]) Palatinus archidux, Pfalz-Erzherzog; toť první počátek titulu arciknížecího, jenž byl o sto let později knížatům Rakouským skutečně udělen od císaře Fridricha III. a tudy nabyl platnosti.

k své vlastní volbě. Když pak veřejně nikdo se
k tomu přiznati nechtěl a všichni zapírali, ode-
bral se císař na jaře 1360 do Trnavy k osobnímu
sjezdu s králem Uherským, a obnoveno tam přá-
telství mezi nimi. Král Ludvík prostředkoval také
mezi císařem a Rudolfem Rakouským, který nyní
odřekl se některých nově vymyšlených titulů,
totiž arcivojvody falckého a vojvody Švábského i
Elsasského; načež obdržel odpuštění od císaře,
který udělil v Seefeldě 21. května 1360 jemu a
jeho třem nezletilým bratřím léna na všecky země
rodu Habsburského. Ale Rudolf nezůstal tomu
smíru věren. Císař byl v srpnu 1360 nucen tá-
hnouti s vojskem českým i říšským proti spojen-
cům jeho, hrabatům Würtenberským, kteří se do-
pouštěli hrubých výstupků proti míru zemskému
ve Švábích; v té válce vojvoda Rudolf zjevně se
postavil na stranu odbojníků, byl však i s nimi
od císaře poražen u Schorndorfa blíže Esslingen.
Hrabata i vojvoda pokořivše se, obdrželi milost,
a císař obnovil se svým zetěm u Esslingen 5. září
1360 přátelství, které během jednoho roku bylo
třikrát potvrzeno. Ale vojvoda Rudolf při všech
úpisech nezměnil smýšlení svého. Ku konci r. 1361
zjednal spolek s králem Ludvíkem Uherským i
Kazimírem Polským proti císaři, ano smlouval se
s prvějším i o rozdělení zemí, kterých by dobyli
na Karlovi a jeho bratrovi markrabí Janu Jin-
dřichovi. Králové Ludvík a Kazimír brali si pří-
činu k tomu nepřátelství z toho, že císař dovolil
si káravě vysloviti se o nezřízeném životě Alžběty,
ovdovělé královny Uherské, matky Ludvíkovy a
sestry Kazimírovy. Vojvoda Rudolf potáhl do svého
spolku i některá knížata říšská, i doufal domoci
se trůnu Německého proti Karlovi; naproti čemuž

císař smluvil se s ostatními kurfirsty i obdržel od nich slib (13. bř. 1362), že po jeho smrti žádný ·z vojvod Rakouských nemá býti volen za krále. Ani jinak nedočkal se Rudolf očekávaného prospěchu ze svého spolku proti císaři, a to předně z té příčiny, že sáhal zároveň po zemi Tyrolské; proto když král Uherský v letě 1362 strojil se vpadnouti do Moravy, byl vojvoda Rudolf zaměstnán jinde, a tudy sešlo s války tak široce chystané proti císaři.

V těchto nepokojných bězích udály se důležité proměny v rodině Karlově. Císař přebýval se dvorem svým od října 1360 až do příštího jara v Normberce, a tu dne 26. února 1361 obdržel od třetí manželky své, Anny Svídnické, syna a přirozeného dědice, jsa ve 45. roce věku svého. Radost otcova z toho byla nesmírná. Hned dal propustiti všechny vězně, co jich bylo v žalářích Normberských, osvobodil měšťany na některý čas od daně, konal slavnou processí po městě, i dal psáti na vše· strany o svém štěstí, jmenovitě také svým věrným Čechům, aby bohatí i chudí jásali s ním, že království obdrželo dědice. Chtěl také s manželkou i synem vykonati pouť do Cách, a když pro pilné záležitosti státní s toho sešlo, dal novorozeně zlatem vyvážiti, a poslal tu váhu, 16 hřiven ryzího zlata, do Cách kostelu od Karla Velikého tam vystavenému. Křest neobyčejně slavný konán v Normberce 11. dubna; Arnošt arcibiskup Pražský pokřtil prince na jméno Vácslav u přítomnosti dvou arcibiskupů-kurfirstů, šesti biskupů, pěti opatů, a mnohých knížat i pánů z Němec i z Čech; turnaje a jiné radovánky trvaly osm dní.

V letě 1362, když nepřátelé scházeli se na slovenském Pováží ke vtržení do Moravy, a císař meškal s vojskem na Moravě, zemřela v Praze 11. července císařovna Anna. Ke skutečné válce toho času nedošlo ani k míru, než toliko ku příměří. Karel jsa opět nyní vdovcem, použil po některém čase své svobodné ruky k roztržení spolku sobě nepřátelského. Spojenci získali k sobě nově krále Dánského Waldemara IV. a Bohuslava vojvodu Pomořského čili Kašubského. Císař nabídl se k manželství Alžbětě, dceři tohoto Bohuslava, kteráž byla vnučka krále Polského Kazimíra a tudy také příbuzná Ludvíkovi Uherskému; nabídnutí bylo přijato, a když také papež Urban V. v lednu 1363 poslal nuncia, aby prostředkoval ku pokoji, dosáhl císař smíru s oběma východními králi, a strůjce nepřátelského spolku, Rudolf Rakouský, zůstal téměř osamocen. Svatba Karlova, již čtvrtá, s Alžbětou Pomořskou slavena na dvoře krále Polského v Krakově, nejspíš v měsíci dubnu 1363, a oslavil ji přítomností svou také král Uherský Ludvík. Potom císař dal v Praze 15. června korunovati svého dvouletého syna Vácslava IV. na království České, a tři dni později byla také nová císařovna Alžběta korunována za královnu Českou.

Zde dlužno přihlednouti zase ke změnám v držení dvou německých zemí, Tyrolu a Brandenburku, které dílem dříve dílem později náležely rodu Lucemburskému, a jejichž osudy všelijak se proplétají s dějinami českými za Karla. Nejstarší syn někdy císaře Ludvíka, markrabí Brandenburský Ludvík, postoupil 24. prosince 1351 tuto marku svým nejmladším bratrům Ludvíku Římanovi a Otovi, začež tito odřekli se podílu svého v Hořejších Bavořích, tak že Ludvík od té doby panoval ve dvou zemích spolu sousedících, v Tyrolu a v Hořejších Bavořích. Dolejší Bavory při Dunaji držel druhorozený syn ,císaře Ludvíka Štěpán. Vojvoda Ludvík, dříve markraoí Brandenburský, měl s Markétou Maultaší jednoho syna, Menharta, a bylo již připomenuto, že Markéta smlouvou dne 2. září 1359 pojistila hrabství Tyrolské vojvodovi Rudolfovi Rakouskému na ten případ, že by ona i manžel její Ludvík i syn Menhart zemřeli bez dědice. To počalo se vyplňovati brzy, ale nápadníkům přece nedost rychle. Vojvoda Ludvík zemřel r. 1361, a již roku příštího Rudolf Rakouský a Štěpán Dolnobavorský, který počítal si právo k Tyrolu po svém bratrovi, dostali se spolu do války o tu zemi, ačkoli tam ještě panovala Markéta se synem Menhartem. Potom 13. ledna 1363 zemřel tento Menhart, vojvoda Hornobavorský a hrabě Tyrolský, načež hned 26. ledna Rudolf Rakouský přiměl Markétu Maultaši k tomu, že mu postoupila hrabství Tyrolské k držení již za svého života, což skutečně vykonáno 2. září 1363; Markéta sama pak usadila se ve Vídni na výměnku. Tak dostala se země Tyrolská vojvodám Rakouským, ač Štěpán Dolnobavorský nemínil spojiti se s tím. Týž Štěpán zmocnil se po smrti Menhartově jeho druhé země, Hořejších Bavor, ač proti právu, neboť dle rodinných smluv Hořejší Bavory měly nyní připadnouti Ludvíkovi Římanovi a Otovi, markrabím Brandenburským. Oba markrabové ve hněvu z této křivdy, aby se pomstili svému bratrovi, zavřeli s císařem v Normberce 18. března 1363 dědičnou smlouvu, dle které marka Brandenburská a Dolejší Lužice po jejich bezdětné smrti měla připadnouti domu Českomoravskému, nejprve Vácslavovi synu Karlovu; Dolejší Lužice byla před tím r. 1350 zastavena markrabí Míšenskému, a císař měl ji vyplatiti.

V měsíci červenci 1363 táhl císař s vojskem do Brandenburka a vymohl tam hned napřed holdování. stavův pro svého syna, který odtud psán byl králem Českým a markrabím Brandenburským. Předvídalť nepochybně opatrný Karel, že skutečnému provedení té smlouvy mohou postaviti se překážky v cestu, jakož po letech také se stalo.

O rozmíškách trvavších mezi dvorem českým se strany jedné, a uherským a rakouským s druhé, vynesli král Kazimír Polský a kníže Bolek Svídnický v Krakově dne 12. prosince 1363 smírčí výpověď, že všichni ti panovníci mají sobě býti dobrými přáteli. Výpověď tato stala se pravdou teprva na osobním sjezdě císaře s Ludvíkem Uherským a Rudolfem Rakouským, držaném v Brně v únoru 1364. Vojvoda Rudolf po zmaření všech spolků musel netoliko zanechati smělých zámyslů proti císaři, nýbrž potřeboval i jeho dobré vůle, aby se mohl udržeti ve hrabství Tyrolském proti nárokům Štěpána Bavorského. Hlavně manželka Rudolfova Kateřina sprostředkovala dokonalé smíření mezi ním a otcem svým Karlem. Císař dne 8. února potvrdil odevzdací listinu Markéty Maultaše a udělil vojvodám Rakouským léno na Tyrol; a dva dni později zavřel s nimi proslulou *smlouvu dědickou*. Mezi vojvodami Rakouskými a králem Uherským Ludvíkem byla již r. 1362 uzavřena smlouva o vzájemné dědění, tak aby země jedné strany připadly straně druhé, kdyžby dědicové vymřeli. Nyní 10. února 1364 byla zdělána dědická smlouva mezi korunou Českou a vojvodami Rakouskými na ten spůsob, aby země české po vymření mužského i ženského potomstva císaře Karla a bratra jeho Jana Jindřicha připadly dědičně vojvodám Rakouským, a naopak když by dříve vymřel dům

Rakouský i Uherský po meči i po přeslici, aby dědicem zemí rakouských byl král Český. Čeští i rakouští páni a města dali k tomu pořízení své svolení, naproti čemuž jedna každá smlouvající strana zavázala se zachovati země, které by jí mocí té smlouvy připadly, při jich právích a svobodách. Při uzavírání této smlouvy podobalo se, že vydaří se na prospěch dynastie České; aby pak nápad zemí rakouských na korunu Českou lépe se zabezpečil a urychlil, k tomu učinil Karel ještě několikero opatření. Za tím účelem bratr císařův markrabí Jan Jindřich, nedávno ovdovělý, pojal toho času (26. ún. 1364) za manželku Markétu, jedinou kněžnu v rodě Rakouském, sestru Rudolfovu. I náhoda zdála se podporovati úmysly Karlovy; zemřelť již dne 27. července 1365 vojvoda Rudolf IV. bezdětek, i zbývali po něm toliko dva bratří, Albrecht III. a Leopold II., oba ještě svobodní. Albrechtovi byla potom (19. bř. 1366) oddána k manželství Karlova dcera Alžběta, teprv osmiletá. Pomineme-li Markétu, vdanou do Moravy, byli na ten čas Albrecht a Leopold jedinými přímými dědici zemí rakouských; aby v možném případě jejich bezdětné smrti ty země nespadly napřed na korunu Uherskou, nýbrž přímo na korunu Českou, k tomu cíli císař ještě spůsobil, že smlouva o nástupnictví mezi Uhry a Rakousy byla s přivolením obou stran zrušena; naproti tomu dědická smlouva česko - rakouská byla s plným svolením stavův obojích zemí obnovena v Praze 26. března 1366, toliko že nyní z podmínek, pod kterými Rakousy měly připadnouti králi Českému, bylo vypuštěno vymření dynastie Uherské.[34]

---

[34] Viz moje České státní právo str. 166—9.

Viděli jsme, kterak Karel po dosažení koruny
císařské byl zaměstnán namnoze záležitostmi ně-
meckými i zevnějšími, i kterak dlouholeté nesnáze,
jež mu v tom vznikaly, neunavným vyjednáváním
konečně všechny přemohl, ano z naskytujících se
při tom příležitostí kořistil i k budoucímu roz-
množení moci rodu svého. Vedle toho však císař
nepřestával pečovati o vnitřní zvelebení království
Českého.

Na jaře 1358 Karel vydal se svolením sněmu
nařízení ke všem stavům světským i duchovním,
aby všude po Čechách, obzvláště pak na tři míle
okolo Prahy, pusté vrchy a holé stráně zdělávaly
se k zakládání *vinnic*. K vyhledání a určení míst
k tomu spůsobilých zřízen byl královský úředník,
jehož jmenovali perkmistrem hor vinničných;
každý majetník příhodné půdy, když by mu od perk-
mistra bylo nařízeno, měl začíti s děláním vinnic
ve čtyrech nedělích, a nechtěl-li, musel jinému
podnikateli pod jistými výminkami dopustiti, aby
na jeho pozemku zdělal si vinnici; obyčejná vý-
minka v tomto případě byla, že podnikatel vinnice
vlastníkovi půdy odváděl desátek z úrody vína.
Císař dal přivézti výborné révy, a to z Rakous,
dle souvěkého letopisce, a dle tradice i z Bur-
gundu. V krátkém čase vzniklo mnoho vinnic
okolo Prahy a hradu Karlštejna, a množily se
i jinde po Čechách k patrnému užitku a okrase
země.[35]

Dvanáct let po založení Nového Města jal se
Karel rozšiřovati Prahu i na levém břehu Vltav-
ském. Na této straně řeky stály dotud tři samo-
statné částky hlavního města, každá se svým

[35] Tomkův Děj. Prahy II. 42.

vlastním obezděním: 1) Hrad Pražský, oddělený
na jižné straně (v místech nynějšího prvního a
druhého nádvoří zámeckého) od ostatní planiny
trojím příkopem, přes který vedl hlavní vchod
do hradu; posledně byl hrad kolkolem obezděn
od krále Přemysla II. před r. 1257. 2) Městečko
Hradčany, založené teprva za krále Jana k roz-
množení důchodů nejvyšších purkrabů Pražských,
jimž bylo poddáno; prostíralo se od hradských
příkopů k nynějšímu náměstí Loretanskému, kdež
napříč přes horu zámeckou šel příkop městský.
3) Menší Město čili Malá Strana, vysazená za
město královské od Přemysla II. r. 1257 a hned
také se tří stran obezděná. Do časů Karlových
prostírala se Malá Strana toliko od hradu Praž-
ského k Vltavě u mostu; tak že polední zeď měst-
ská šla od hlavní brány hradské přes Svatojanský
vršek podél Ovocného trhu a kolem johannitského
kostela Panny Marie konec mostu, půlnoční pak
zeď táhla se od věže mostské kolem kostela sv.
Tomáše k starým zámeckým schodům. Tyto zdi
Malostranské dal Karel r. 1350 nově přestavěti.
Venku za zdí na severu Malé Strany stálo před-
městí řečené na Písku, v místech nynější Wald-
šteinské zahrady a odtud k Vltavě. Také prostran-
ství mezi Petřínem a Vltavou, a to od jižné zdi
Malostranské až k starobylému romanskému ko-
stelu sv. Jakuba (nyní na Smíchově), bylo již
částečně zastavěno, a stálo tam několik kostelů
i dva kláštery; celé to prostranství slulo Újezd,
náleželo však pod několik rozdílných vrchností;
zejmena se tam rozeznávaly ves Obora při nyněj-
ším Vlaském sirotčinci a blíž k vodě ves Nebovidy.
    Roku 1360 jal se císař stavěti novou zeď,
počnouc od severní zdi Hradčanské nad Bruskou

(Jelením příkopem), okolo kláštera Strahovského
na Petřín, a po kraji té hory až dolů k vodě
u nynější brány Újezdské, kteráž přeťala Újezd
ve dví. Mezi městečkem Hradčany a Strahovem
vznikala potom uvnitř nové zdi osada Pohořelec;
Újezd pak, pokud pojat byl do nové ohrady měst-
ské, lépe se zastavěl novými domy. Městečko
Hradčany i Malá Strana v starém užším smyslu
podržely i potom hradby své, a rozeznávaly se
právně od nových přírostků hlavního města; toliko
Malá Strana uvnitř hradeb r. 1350 přestavěných
byla městem královským, přírostky však objaté
novou zdí zůstaly i nadále pod svými dosavadními
vrchnostmi. Stavba této nové veliké zdi trvala asi
tři leta; výdělek při ní poskytoval v Praze úlevu
ve veliké drahotě a hladu, jenž zuřil v Čechách
r. 1361 a až do žní r. 1362; odtud hradba na
Petříně nazvána jest Hladovou zdí.[36]
    Dne 30. června 1364 rozloučil se s tímto
světem první arcibiskup Pražský Arnošt z Pardu-
bic; zemřel v arcibiskupském zámku v Roudnici,
a pochován jest v Kladště, kdež sobě zvolil od-
počinutí nepochybně proto, že tam v mladosti byl
vychováván. Po celý čas samostatného panování
Karlova byl Arnošt jeho stálým rádcem; z té pří-
činy doprovázíval krále a císaře na jeho cestách
a výpravách. Mnohý záslužný skutek ku povzne-
šení království Českého byl společným dílem Karla
i Arnošta. Ovšemť pak Arnošt vynikal netoliko
jakožto ministr a státník, ale předkem jakožto
pastýř duchovní. Na tomto poli činnost jeho byla
samostatná a tím důležitější, že jemu připadl úkol
prvního organisatora nové církevní provincie české.

[36] Tomkův Děj. Prahy II. 49.

Za dvacetiletého arcibiskupování svého držel často synody provinciálné a diécezánské, na kterých vydával předpisy k uvedení a zachování dobrého řádu ve věcech církevních; nejdůležitější jsou Arnoštovy statuty provinciálné od roku 1349, totiž sbírka pravidel, jimiž se mělo spravovati duchovenstvo v celé provincii Pražské; kostely biskupské a kapituly obdržely krom toho zvláštní statuty. Vedle toho Arnošt též častými visitacemi a vlastním příkladem vynasnažoval se napraviti špatnou kázeň kněžstva sobě podřízeného. Památným zřízením jeho bylo také zavedení dvojích úředních knih v diécezi Pražské; do jedněch, řečených Libri Confirmationum a počatých r. 1354, zapisovalo se každé dosazení k beneficiu duchovnímu; druhé, založené r. 1358 pod názvem Libri Erectionum, jsou takořka desky stavu duchovního, obsahujíce listiny na všeliká nadání ku kostelům. Oboje ty knihy jsou přehojným nalezištěm přesných udajů k místopisu a rodopisu českému, a sotva která druhá země může se honositi takovým dějezpytným pokladem z oné doby; oboje vycházejí v našich letech tiskem na veřejnost. O vědy a umění arcibiskup Arnošt získal si zásluhy jakožto první kancléř university Pražské i jinak mnohonásobně; svým nákladem prováděl četné krásné stavby, dával přepisovati knihy a dílem ozdobovati je sličnými miniaturami, i sám psal náboženské spisy.

Po smrti Arnoštově kapitula Pražská zvolila jeho nástupcem dosavadního biskupa Olomouckého Jana Očko z Vlašimě, který Karlovi již jakožto markraběti věrné a platné služby konal. Následkem povýšení Očkova stal se biskupem Olomouckým Jan ze Středy (Neumarkt ve Slezích), dosavadní biskup Litomyšlský, na jeho pak místo do Lito-

myšle dostal se Albrecht ze Šternberka, před tím
biskup Zvěřínský. Všichni tito preláti byli důvěr-
nými rádci Karlovými, a vynikali nadáním i uče-
ností; Jan ze Středy byl po 20 let (1353—1374)
i kancléřem dvorským, a sice jediným, tak že
skrze jeho ruce šly listiny, jež vydával Karel
i co král Český i co císař Římský. Jan Očko,
druhý arcibiskup Pražský, obdržel bullou papež-
skou (28. kv. 1365) pro sebe i všechny nástupce
své úřad stálého legata papežského (legatus
natus) netoliko ve všech třech diécezích provincie
Pražské, ale i v sousedních biskupstvích Řezen-
ském, Bamberském a Míšeňském, ve kterých ko-
runa Česká měla mnohé statky Karlem získané.

Císař vymohl dotčenou bullu za osobního
přebývání svého na dvoře papežském v Avignoně,
maje v těch stranách i jiná jednání. Mezi jiným
hleděl obnoviti přináležitost bývalého království
Arelatského k říši Římské. Co se týče tohoto
statoprávného poměru, shledává se v krajinách
někdy burgundských v poříčí Rhodanu položených
průběh dosti podobný tomu, jaký byl v hořejší
Italii. Poslední císař korunovaný za krále Are-
latského byl Fridrich Barbarossa (30. čna. 1178),
od kteréž doby závislost těch krajin na říši Řím-
ské upadala v zapomenutí; některá tamější kní-
žetství dostala se v přímé nebo nepřímé držení
koruny Francouzské anebo papeže, jiná se osa-
mostatnila. Císař Karel již před desíti lety (1355)
smlouvami s králem Francouzským Janem II. do-
sáhl toho, že manské svazky Delfinatu a hrabství
Burgundského k říši jsou znova uznány; držeb-
nosti hraběte Savojského byly k jeho samého žá-
dosti r. 1361 z nominálného království Arelat-
ského vyňaty a k říši přivtěleny. Nyní pak dne

4. června 1365 dal se Karel korunovati ve městě
Arles za krále Arelatského od tamějšího arci-
biskupa, u přítomnosti velmožů té země. Karel
mínil tím obřadem opatřiti si lepší právní titul
k dalším krokům, kterými by císařská práva
v těch stranách se oživila; musel však toho ko-
nečně zanechati, hlavně pro žárlivost papeže. Ob-
novená moc císařská jevila se tam jednak řádem
mincovním, jejž vydal Karel s radou papeže,
jednak založením university v Ženevě, vyžádaným
od hraběte Savojského, jednak potvrzovanými pri-
vilegiemi, jichž se dožadovali tamější knížata du-
chovní i světští; delfin Viennský i hrabě Savojský
obdrželi od Karla privilegia, kterými udílela se
jim dědičná moc generálných vikářů říšských
v državnostech jejich. [37]

Na zpátečné cestě z Avignona zastavil se
císař v klášteře S. Maurice v dolejším Wallisu,
založeném od sv. Sigmunda, předposledního krále
Burgundského († 523); tam chovaly se také ostatky
tohoto svatého; Karel si je vyprosil a přivezl je
potom s sebou do Prahy. Od té doby počítá se
sv. Sigmund mezi patrony země České.

Nejdůležitější jednání císařovo v Avignoně
týkalo se navrácení papežské stolice do Říma.
K tomu Karel již od r. 1361 opětovně nabádal
papeže, nabízeje jim k návratu do Říma svůj
průvod a ochranu ramene císařského. Papež
Urban V. byl skutečně nakloněn vyplniti to přání,

---

[37] Že korunování Arelatské nebylo pouhým obřadem
bez významu, jak se zdálo ještě Böhmerovi, to do-
kazují jeho Regesta doplněná a vydaná Huberem,
na nichž hořejší text jest zosnován, a sice Nr. 3695,
3698, 4170, 4171, 4171a, 4174, 4176, 4729, 5858 až
5863, Reichssachen 234, 278.

v němž se srovnávali s císařem téměř všichni katolíci mimofrancouzští, aby tudy stolice papežská vymanila se z převládajícího vlivu dvora francouzského. Při návštěvě císařově v Avignoně na konci května 1365 tyto úmysly dospěly k určitému plánu; aby papež mohl bezpečně se usaditi v Italii, bylo umluveno, že císař vypraví se vojensky přes Alpy ku potření žoldnéřských rot, které již po několik desítiletí v Italii provozovaly loupežnickou zvůli a místy i panovaly (říkali jim zlé společnosti); výprava císařská měla směřovati vůbec proti všem nepřátelům světského panství papežského, mezi nimiž byl nejmocnější Barnabo Visconti Milanský. K vystrojení té výpravy povolil papež císaři vybrati desátek z důchodů duchovenstva v Němcích i v Čechách za jeden rok. Za touž příčinou držel císař v srpnu 1366 sněm říšský ve Frankfurtě, na kterémž na dobu své nepřítomnosti ustanovil nejmladšího bratra svého Václava vojvodu Lucemburského za náměstka svého v Němcích. Knížata duchovní však odporovali vybírání desátku, a r. 1367 na několika stranách v Němcích vedly se soukromé války; pročež císař musel výpravu do Italie odložiti, ačkoli papež Urban V. na jaře 1367 skutečně opustil Avignon a usadil se ve Viterbě ve státé církevním.

V prvních měsících r. 1368 dlel císař zase v Němcích, aby urovnal tam různice a připravoval výpravu do Italie; za jeho nepřítomnosti císařovna Alžběta porodila v Praze (14. února) syna, jenž nazván jest Sigmund podle nového patrona českého.

Konečně dne 2. dubna 1368 k opětovným žádostem papeže vydal se císař z Prahy na svou *druhou výpravu Římskou* s četným vojskem, zřídiv arcibiskupa Jana Očko za správce království Českého. Později v letě vypravila se i císařovna do Italie. Císař přišed z Čech přes země rakouské do Friulska, válčil několik neděl okolo Verony s Viskonty Milanskými a jich spojenci, avšak bez rozhodného výsledku, až dne 27. srpna docíleno narovnání v Modeně mezi církví a císařem se strany jedné, a Barnabem i Galeazzem Viskonty s druhé. Potom císař dostávaje od italských signorů i republik pomoc vojenskou i peněžitou, táhl k Římu, a dne 21. října uvedl papeže do věčného města. Při slavném tomto vjezdu císař u brány městské uchopil otěže brůny, na které jel Urban V., a doprovázel tak pěšky papeže až k chrámu Svatopetrskému ve Vatikáně, kdež papež sestoupiv s koně, veden byl císařem k oltáři. Dávno nevídaná tato pocta, prokázaná hlavě církve od císaře, nemálo dojímala mysli současníků, docházejíc posouzení rozdílného podle rozdílných stanovisk posuzovatelů; podobně někdy císař Fridrich Barbarossa r. 1177 v Benátkách vedl za třmen koně, na němž seděl papež Alexander III.; rozdíl byl jen ten, že strašný vlachobijce Fridrich učinil tak jsa přemožen a pokořen, Karel pak vzdal tu čest papeži, se kterým vždy žil ve přátelství. Na den Všech Svatých byla čtvrtá manželka Karlova, Alžběta Pomořská, od papeže korunována za císařovnu. Císař zdržel se tentokrát v Římě se dvorem svým asi dva měsíce; tehdáž nejspíš založil spolu s císařovnou Alžbětou v tom městě hospic pro poutníky z Čech, který tam dosud trvá, byv v našich letech obnoven[38]).

_____

[38] Souvěké zprávy o českém domě v Římě nacházejí se toliko v listině od r. 1378 in L. Erectionum ed. Bo-

Na zpátečném tažení z Říma dostal se císař opět do nebezpečenství, a to ve městě Sieně, kdež dne 18. ledna 1369 šlechta i lid pozdvihli se proti císařskému náměstkovi, a císaře samého v paláci oblehli; branný průvod císařův přemohl povstalce, avšak s vlastní ztrátou více nežli 400 mužů. Císař potrestal Sienské za tu zpouru toliko pokutou 20.000 dukátů, jež museli zaplatiti; pak potvrdiv obci dosavadní samosprávu, odebral se císař do města Lukky, kde přebýval potom půl leta. Za tohoto pobytu v Italii hleděl Karel utvrzovati císařskou moc v hořejší Italii, i dosáhl některých nových úspěchů a značných dávek peněžitých. Vzdálený Janov uznal panství císařské a vyžádal si, aby jeho dože byl jmenován náměstkem císařským v obvodu té obce. Florenčané zaplatili nově 50.000 zl. mimořádné dávky; město Pisa za převrat, který tam provedla jedna strana proti druhé (4. dub.), pykalo ztrátou panství nad Lukkou; toto město stalo se nyní samostatným pod říší, obdrželo náměstka císařského, a zaplatilo za to Karlovi 100.000 zl. Avšak k dokonalému a trvalému úspěchu této druhé výpravy italské scházelo mnoho, co ovšem nebylo by se dalo provésti bez velkého krveprolití a bez nejvyššího namožení sil; roty žoldnéřské a Viskontové byli sice zahrožení, ale nikoli zničeni; a papež uvedený císařem do Říma, viděl se již na podzim 1370 pohnuta, přestěhovati se opět do Avignona.

Když Karel v červenci a srpnu 1369 ubíral se z Italie do zemí českých, nastávaly mu zde nové zápletky, které vyžadovaly jeho osobní péče.

---

rový II. p. 147; cf. Pelzl, K. Karl 809; Frind, Kirchengeschichte II. 107; Lumír 1851, 546; Světozor 1875, 174.

Dne 28. července 1369 zemřel Bolek vojvoda Svídnický a Javorský, někdy Karlův nepřítel, později tchán. Poněvadž byl bezdětek, připadalo knížectví jeho dle svatebních smluv z r. 1353 na děti císařovy z třetího manželství s Annou Svídnickou, totiž na krále Vácslava a Alžbětu vojvodkyni Rakouskou. Smrtí Bolkovou spadala na korunu Českou také Dolejší Lužice, která dříve náležívala k marce Brandenburské, ale byla od Ludvíka Římana r. 1350 zastavena markrabům Míšenským; z této zástavy císař Karel vykoupil ji ku koruně české, a zároveň se všestranným svolením postoupil jí Bolkovi Svídnickému na čas jeho života r. 1363 a 1364, při čemž markrabům Brandenburským bylo vyhraženo právo výkupné; i toto právo minulo, když po smrti Ludvíka Římana (14. kv. 1366) Karel koupil 11. října 1367 Dolejší Lužici novými summami 21.000 hřiven stříbra a 21.000 kop grošů Pražských od markrabí Brandenburského Oty, zetě svého; tenť byl pojal za manželku Kateřinu dceru císařovu (19. br. 1366), ovdovělou po Rudolfovi Rakouském. Císař zvěděv o smrti Bolkově, dal hned z Italie nařízení, aby král Vácslav a poručník jeho arcibiskup Jan Očko uvázali se v Dolní Lužici; ale nápad té země, jakož i knížectví Svídnického, ačkoli byl ve vší formě práva ujednán, potkal se přece s obtížemi.

Král Polský Kazimír počítal si dlužné peníze za nebožtíkem vojvodou Bolkem; vojvodové Minsterberští táhli se k dědictví po Bolkovi jakožto příbuzní jeho, a rovněž tak vojvodové Opolští, ačkoli tito byli již odbyti (23. října 1365) zástavou měst Trutnova a Králové Dvora i hradu Žacléře v Čechách; císařova dcera Alžběta Rakou-

7*

ská počítala se za spoludědičku vedle krále Vácslava, a vdova po Bolkovi měla na Svídnicku věnné požitky. Karel meškaje po návratu svém z Italie na podzim 1369 ve Slezích, aby těmto tahanicím učinil konec, vyžádal si na stavích českých velikou berni, a odbyl všechny ty nároky hotovými penězi, vyjma věnné důchody kněžny vdovy, jež ponechal v platnosti. Tak bylo knížectví Svídnické a Javorské a zároveň i Dolejší Lužice získány ku koruně české, ku které nyní již náležely celé Slezsko a oboje Lužice; stát český dosáhl tím onoho rozsahu, ve kterém se potom zachoval až do války třicetileté. Listina císařova na vtělení Dolejší Lužice ku koruně České vydána byla v Praze 1. srpna 1370.

V těch časích byla příezeň mezi císařem a jeho zetěm Otou markrabím Brandenburským již pohatěna. Ota nežil s manželkou svou Kateřinou, a jak prostopášný byl ve věcech domácích, podobně počínal si i ve věcech státních. Ačkoli byl za Dolejší Lužici dávno zaplacen, dělal si přece nároky k té zemi, a hleděl ve prospěch svého bratra Štěpána vojvody Bavorského a jeho tří synů vyzouti se také ze smlouvy učiněné dne 18. března 1363, dle které marka Brandenburská po jeho bezdětné smrti měla spadnouti na korunu Českou. Za tím účelem rod bavorský vešel již na podzim 1369 v tajné umluvy s králem Uherským Ludvíkem a s jinými knížaty proti císaři. Naproti tomu Karel nelenil činiti vhodná opatření. V únoru 1370 koupil od opata Neuzellského město Fürstenberg nad Odrou (mezi Krosnem a Frankfurtem), jež hned silně opevnil, aby v případě potřeby mohl odtud operovati proti markám brandenburským. Též císař dovedl okolní německá knížata potáhnouti na svou

stranu, aby Otu osamotil v sousedství jeho. Ano
i bratra Otova, Albrechta vojvodu Bavorského na
Štrubině, odvrátil od nepřátelského spolku tím,
že devítiletého syna svého Vácslava zasnoubil
s jeho dcerou Johannou; oddávky slaveny v ro-
dišti ženichově Normberce dne 29. září 1370,
načež již 17. listopadu t. r. císař dal svou snachu
korunovati v Praze na království České. Vypu-
knutí zřejmého boje mezi Karlem a Otou zdržovalo se
z rozmanitých příčin, mezi nimiž byla smrt krále
Polského Kazimíra (5. listop. 1370); sestřenec a
dědic jeho Ludvík král Uherský byl pak dosta-
tečně zaměstnán uvazováním se v království Pol-
ské, aby nemohl vyhledávati boje proti císaři.
Však nicméně Ota Brandenburský smluvil se se
svými bavorskými příbuznými tak, že Štěpánův
syn Fridrich přitáhl vojensky do Brandenburka,
přijal tam na jaře 1371 od stavův slib věrnosti,
vyplatil svému strýci Otovi 200.000 zl., a obdržel
od něho hned dvě marky (Altmark a Priegnitz)
k zástavnému užívání. Po těchto skutcích císař
opověděl válku; v měsíci červenci vytáhl osobně
s vojskem ze zemí českých do Brandenburka, kdež
dobyl Müncheberka (mezi Kestřínem a Berlínem);
zároveň však zástup Uhrů vtrhl do Moravy a pu-
stošil zemi. To snad přimělo císaře ku příměří,
jež zavřel 16. října 1371 s králem Ludvíkem i
markrabím Otou a-jich spojenci na 20 měsíců, t. j.
do 29. května 1373. Dlouhého toho času hleděl
použiti k rozdělení svých nepřátel, zejména k zís-
kání krále Uherského a Polského.

Ve vyjednávání s Ludvíkem, které potom ná-
sledovalo, byl císaři nápomocen legat papežský,
Jan patriarcha Antiochenský; dávalť sobě nový
papež Řehoř XI. záležeti na zjednání pokoje mezi

těmi dvěma velikými panovníky z příčiny křížového tažení proti Turkům; neboť Turci, usadivše se již r. 1353 na půdě evropské v okolí Gallipole, šířili odtud stále panství svoje na polouostrově Balkánském, a hrůza šla před nimi po celé Evropě. K docílení shody mezi Karlem a Ludvíkem namlouván byl také sňatek, ve který měl vstoupiti druhý syn císařův Sigmund s Marií dcerou krále Uherského, aby tudy stal se jeho dědicem, (k čemuž došlo skutečně, ale teprva po desíti letech). Avšak i osobní schůze Karla s Ludvíkem na pomezí jejich říší zůstala bez výsledku, a jednání konečně se přetrhlo, poněvadž Ludvík nechtěl opustiti svých bavorských spojenců, se kterými Karel dohodnouti se nemohl.

Když v těchto okolnostech příměří na jaře 1373 vypršelo, vtrhl císař se značným vojskem do Brandenburka. Tamější protivníci jeho byli úplně osamoceni; nedostaliť pomoci ani od sousedních knížat, jež Karel dovedl připoutati k svému prospěchu, ani od Ludvíka Uherského, jenž toho času byl zapleten do války proti Benátčanům. Když císař dobyl v Brandenbursku několika měst a hradů, markrabí Ota a bratrovec jeho Fridrich viděli se nuceny uzavříti s ním smlouvu dne 15. srpna 1373 u Fürstenwaldu, kterouž odřekli se za sebe i celý rod bavorský marky Brandenburské a postoupili ji synům císařovým. Ač markrabí Ota byl přemožen, nepostupoval přece svých zemí zdarma, nýbrž za velikou náhradu, která se počítala na 500.000 žlatých.[39]) Na tu summu ob-

---

[39]) Tehdejší zlatý, florenus, byl zlatá mince, rovnající se ve mnohých zemích asi nynějšímu c. k. dukátu; 500.000 zl. tehdejších učinilo by asi 2,700.000 zl. rak. m. Groš Pražský prvotně za Vácslava II. obsa-

držel Ota 200.000 zl. hotově vyplacených, jež císař sehnal velikou berní a jinými dávkami v Čechách uloženými, a mimořádnými platy od některých jihoněmeckých měst říšských vymoženými; za 100.000 zl. dostal Ota některá panství koruny České v Hořejší Falci, za jiných 100.000 zl. bylo mu zastaveno několik říšských měst ve Šváb́ích, a z posledních 100.000 zl. byly mu zaručeny 3000 kop grošů ročního úroku z Čech na čas jeho života. Ota podržel také doživotní důstojenství kurfirsta a arcikomorníka říšského.

Císař po smlouvě Fürstenwaldské uvázal se v marku Brandenburskou jménem svých synů, kterým tam hned holdováno; vyprodaní markrabové Ota a Fridrich odebrali se s císařem do Prahy. Tento v jich přítomnosti udělil zde 2. října 1373 léno brandenburské svým třem synům Vácslavovi, Sigmundovi a Janovi (narozenému 22. června 1370), a po nich bratrovi svému markrabí Moravskému Janu Jindřichovi i jeho třem synům Joštovi (nar. 1351), Janu Soběslavovi tehdáž proboštovi Vyšehradskému, a Prokopovi. Císař od té doby věnoval nově získané zemi Brandenburské velikou péči, aby ji povznesl z úpadku, ve kterém se octla za padesátileté správy vojvod Bavorských; obojí věc — jak úpadek za Wittelsbachů, tak i rychlé zvelebení za posledních let Karlových — plně uznávají dějepisci pruští a vděčně zpomínají těchto počátků panství lucembursko-českého v Brandenburku. Stavové tamější, libujíce si pod novou vlá-

---

hoval v sobě stříbra skoro za 40 kr. r. m.; za Karla IV. platil však již jen asi 30 kr.; dle toho také ve smluvách r. 1373 počítá se 100.000 zl. $=$ 30 000 kop grošů. Obyčejný úrok z dlužných peněz činil tehdáž 10 ze sta.

dou, žádali si, aby ta marka nikdy nebyla odlu-
čována od koruny České, ani kdyby králové Čeští
z rodu lucemburského vymřeli. Listinu na takovou
jednotu vydali synové císařovi na schůzi stavův
českých i brandenburských v Kubíně dne 28. května,
a Karel potvrdil ji z moci císařské na knížecím
sjezdě v Tangermünde 29. června 1374.

Vrcholem neunavných snah Karlových bylo,
aby rodu svému zjednal a pojistil co nejrozsáhlejší
dědičnou moc, jejímž středištěm by bylo zvelebené
království České. Již otec Karlův král Jan učinil
v tom směru znamenitý začátek, a výsledek té
dvojí vlády v tom ohledu byl, že územek koruny
České dobře se zdvojnásobil. Náleželyť k ní nyní
království České, markrabství Moravské, všeckna
knížectví Slezská buď prostředkem svazku man-
ského anebo již bezprostředně, marka Budišínská
a Zhořelecká čili Hořejší Lužice, Dolejší Lužice,
marka Brandenburská s četnými odvislostmi svými,
Chebsko, a nespočtený dosud počet statků a lén
v Míšni, Voigtlandě, Hořejší Falci a ve Frankách,
kterými bylo prostoupeno celé nynější království
Saské až k Lipsku i severní Bavory až k Würz-
burku nad Mohanem. K zachování tohoto majetku
v rodě lucembursko - českém bylo důležité, aby
moc císařská v Němcích nedostala se do rukou
nepřátelských, nýbrž aby i nadále zůstala spojena
s korunou Českou v jedněch rukou. Osud marky
Brandenburské, kterou císařové Ludvík Bavor i
Karel dovedli zjednati každý svému rodu, jakož
i jiné úspěchy Karlovy v rozšiřování territoria
domu svého, byly toho očitým důkazem, kterak
váha císařského důstojenství, jakoli sic v moci
pokles[l]ého, přece vždy ještě nemálo napomáhala
takovéto dynastické politice, vrhla-li se na její

stranu, a zase jí překážela a ji mařila, půso-
bila-li proti ní. A tak politika směřující k roz-
množení moci rodu lucemburského nutila Karla
pracovati všemožně k tomu, aby syn jeho král
Vácslav již za živobytí jeho byl zvolen za krále
Řimského; neboť po smrti císařově byla by volba
velice nejistá.

Karel počal vyjednávati o to již na sklonku
r.1373, a během následujících dvou let obdržel
svolení kurfirstův, ovšem dílem za peníze a jiné
výhody. Arcibiskupové Trevirský a Kolínský ob-
drželi výhod v ceně asi po 60.000 zl.; ještě něco
dražší byl hlas falckrabí Rýnského. U ostatních
kurfirstů nebylo potřebí takových úplatků. Hlas
brandenburský byl zabezpečen již summami, jež
bývalý markrabí Oto měl ještě k požadování za
Karlem; při volbě však Ota ani nebyl, nýbrž cí-
sařův syn Sigmund odevzdal hlas jmenem Bran-
denburska, ač i Ota nápotomně dal písemné svo-
lení k volbě za jistou odměnu. Tolik dal si císař
záležeti na jednohlasnosti volby! Vyjednáváno také
o přízeň a přivolení papeže; ten však činil veliké
obtíže, naproti kterým Karel byl sice ochoten
k ústupkům ve věcech vedlejších, ale nikoli ve
hlavní. Když svolení kurfirstů bylo docíleno a
také od některých jiných knížat bylo zabezpečeno
uznání budoucího krále, byl císařovic Vácslav,
tehdáž 15tiletý, dne 10. června 1376 ve Frank-
furtě zvolen jednohlasně ode všech sedmi kur-
firstů za krále Řimského, a pak hned 6. července
v Cáchách i se svou manželkou Johannou koru-
nován. Papež Řehoř XI. usiloval, aby Vácslav
nebyl korunován dříve, dokud od něho nebude
za krále potvrzen; v tom však císař Karel ne-
ustoupil, nýbrž držel se Zlaté Bully, která prostě

vylučovala všeliké vměšování papežů v dosazování
králů Římských; i dal syna svého korunovati
v den napřed ustanovený, ačkoli papežské po-
tvrzení nedošlo. O takové potvrzení tehdáž nikdo
nežádal papeže, a on ho také nedal; Řehoř XI.
(† 27. bř. 1378) Václava na trůně Německém
vůbec nikdy neuznal.

Zvolení Vácslava králem Římským za živo-
bytí předchůdcova vykládalo se Karlovi až do
nedávna na stránku velmi zlou; bylť hlas mezi
historiky dosti obecný, že císař Karel provedl ten
skutek s nasazením vlastní cti, i že jím dopustil
se zrady na vlastním díle svém, Zlaté Bulle.
Avšak novějším a bedlivějším probadáním pra-
menův krutý úsudek ten valně se napravil ano
namnoze převrátil.[40]) Nejtěžší protržení Zlaté
Bully hledalo se v tom, že prý Karel volbu sy-
novu učinil závislou na přivolení papežském; ale
nyní z listin samých vynesen na jevo zrovna opak
toho, a ukázalo se, že tím jednáním byla uražena
nikoli Zlatá Bulla nýbrž stolice papežská. Dále
jest sice pravda, že Zlatá Bulla mluví toliko
o volbě krále po smrti předešlého, a nic neusta-
novuje o volbě za života předchůdce; ale ona
také nikterak nezapovídá takovéto volby, a když
k ní svolovali kurfirsti, kteří měli výhradné právo
voliti krále, kdož jiný může co namítati? Též
jest pravda, že Vácslavovi bylo v čas volby teprva
15 let, a Zlatá Bulla klade zletilost kurfirstů do
prošlého 18. roku; ale týž zákon volitelnost osoby
za krále neváže k žádnému roku, a dle práva
franckého — (kteréž z příčiny tradic karolinských

---

[40]) Linduer, Geschichte d. deutschen Reiches unter K.
Wenzel, I. 21—44. — Huber Regesta p. XXX.

bylo při trůně německém v největší vážnosti,
jakož král vždy byl volen i korunován na staré
půdě francké) — stával se král zletilým již do-
saženým 15. rokem; a právě ten věk měl Vácslav
při své volbě. Konečně nelze popírati, že volba
byla vymožena podplacením několika volenců;
ale bez podobných úplatků neobešla se žádná
volba v Němcích za oněch věků, dokud tam bylo
ještě co rozdávati. Tato neřesť zjevuje se ostatně
nejen v Němcích, ale ve všech říších, kde panov-
níci bývali voleni; tuším však že všude padá
větší vina na ty, kdož úplatků požadovali, než
na toho, kdo je podával; nikdo snad nepokládá
toho tolik ve zlé ku př. králi Ferdinandovi I.,
že při své volbě v Čechách i v Uhřích podplácel,
jako zištným velmožům těchto zemí, kteří se
podplatiti dali.[41]) Se stanoviska pak politické
prospěšnosti bývají chváleni ti předchůdci i ná-
stupci Karla IV. v Němcích, kteří starali se o opa-
tření trůnu nástupcem voleným již za života svého,
aby předešly se různice, a moc říšská aby se
ustálila; i není teda spravedlivé příčiny, proč by
táž snaha jen samojedinému Karlovi IV. měla
býti k úhoně.

Od r. 1373 císař Karel trpěl dnou i chřadl
na těle; přes to však ukládal si těžká namáhání
a konal mnohé cesty za záležitostmi politickými.
Ano na sklonku svého života, kdy již chůze byla
mu tak obtížna, že se musel dávat nositi na no-
sítkách, podnikl ještě dalekou cestu do Paříže. Vydal
se na ni v prvních dnech listopadu 1377 z Tanger-
mündu v Braniborsku, kdež toho roku nejvíce

---

[41]) Viz Zvolení a korunování Ferdinanda I. od dra. A.
Rezka, zvláště str. 19, 31. 52, 53, 56, 104; a moje
České státní právo str. 197.

přebýval, přes severní Němce. V Cáchách sešel se se synem svým králem Vácslavem i s nejmladším bratrem Vácslavem vojvodou Lucemburským; ti oba, jakož i tchán císařův Bohuslav kníže Pomořský, a mnozí jiní knížata a páni z Němec i z Čech doprovázeli pak císaře na další cestě přes Maastricht, Brusel a Cambrai do Francie. Účelem té obtížné cesty bylo Karlovi, pokud se o tom veřejně vyslovil, aby ještě jednou spatřil místa, kde strávil věk svého mládí, a aby syna svého krále Vácslava poručil do přátelství svému sestřenci Karlovi V. králi Francouzskému. Není však pochyby, že vedle toho šlo při tom císaři o záležitosti politické vysoce důležité. Předně syn císařův Sigmund byl zasnouben okolo nového roku 1375 s Marií dcerou Ludvíka krále Uherského a Polského, i otvírala se tudy vyhlídka, že lucemburský princ podědí svého nastávajícího tchána v jednom neb v druhém království anebo dokonce v obojím. Současně byl však Karla V. krále Francouzského druhorozený syn Ludvík, princ Orléanský, také zaslíben jedné princezně uherské. Jednalo se tedy o budoucnost evropského východu, která sice nebyla v moci ani císaře ani krále Francouzského, ale naskytovala jim potřebu důvěrných porad.[42]) Ještě nalehavější bylo jednání o záležitost papežskou, ve které schylovalo se ke zlé roztržce. Papež Řehoř XI., zvolený v Avignoně, přebýval v tom městě šest let, ale aby zabránil ztrátu státu církevního, která sic nastávala, přestěhoval se na počátku roku 1377 do Říma. Z toho však vypukla nespokojenost kardinálů francouzských, kteří strojili se voliti nového papeže. Císaři

---

[42]) Lindner, K. Wenzel I. 57—59, 391.

jakožto vrchnímu ochranci církve náleželo pečo-
vati o odvrácení zkazonosného rozkolu, který
z dvojice papežské nastati měl. Avšak cokoli
císař na dvoře francouzském důvěrně jednal, o tom
nedostaly se téměř žádné zvěsti na veřejnost; ač
zachoval se o tomto jeho pobytu ve Francii denník
velmi podrobný, který svědčí o úzkostlivé péči
krále Francouzského, aby císařský host jeho byl
všude uctíván s dvorností co nejuhlazenější., ale
zároveň takovou, ze které by se nemohl odvo-
zovati ani stín nějaké svrchovanosti císařské nad
králem Francouzským. Císaři ovšem nevadily
přísné formy etikety francouzské, ve kterých sám
vyrostl; ač mu tam bylo přetrpěti těžký záchvat
dny, kochal se s upřímnou radostí v upomínkách
svého mládí, shledávaje se se známými místy
i osobami. Když v paláci v lese Vincennském vý-
chodně u Paříže spatřil poprvé Isabellu ovdo-
vělou vévodkyni Bourbonskou, sestru své první
manželky Blanky, byli oba elegickými vzpomín-
kami tak dojati, že pro pláč promluviti nemohli;
i museli k tomu cíli sejíti se znova. V Paříži a
v blízkých zámcích královských přebýval císař od
4. do 16. ledna 1378; on sám i král Vácslav
byli od krále Francouzského obdarováni mnohými
dary od zlata a stříbra a jinými vzácnostmi.[43]

---

[43] Mezi dary, jež císař tehdáž obdržel ve Francii, na-
cházela se též infule a jiné skvosty sv. Eligía, pa-
trona zlatníků, jenž žil v 7. století, byl zlatníkem a
pak biskupem ve francouzském městě Noyon. Tím
městem jel Karel IV. v posledních dnech 1377, a vy-
jeda odtamtud ku Compiègne, měl bolestný záchvat
dny. Navrátiv se do Prahy, daroval císař obdržené
klenoty sv. Eligia zdejším zlatníkům; pořádek zlat-
nický dochoval je šťastně až do našich časů, a ne-
dávno daroval je českému Museu, kdeř se ukazují.

Načež císař rozloučiv se se svými hostiteli, ubíral se přes Remeš do Lucemburka.

V tomto městě odpočíval císař skoro měsíc. Při této příležitosti pohnul svého bratra vojvodu Vácslava, že na případ své bezdětné smrti odkázal vojvodství Lucemburské císaři Karlovi a po něm synovi jeho králi Vácslavovi i ostatním dědicům, králům Českým (30. led. 1378); stavové lucemburští svolili k tomu pořízení (8. ún.). Vojvoda Vácslav žil již 26 let v manželství s Johannou Brabantskou, a zůstával bezdětek; dle toho byl nápad vojvodství Lucemburského na korunu Českou dosti blízký, a přišel po 6 letech skutečně k místu.

Stárnoucímu a chřadnoucímu císaři bylo též pomýšleti na pořízení o pozůstalosti po sobě. Sta-

---

Latinský nápis na infuli oznamuje, že ta infule sv. Eligia byla přinešena r. 1378 císařem Karlem IV., a že ten ji obdržel od Karla krále francouzského a daroval ji zlatníkům Pražským. Srovnej Legis-Glückselig, Illustr. Chronik von Böhmen, I. 507. — Mandements et actes divers de Charles V., vydané ministeriem v Paříži 1874 v Collection de documents inédits, obsahují královské poukázky na placení útrat, jež spůsobila císařská návštěva. Tam se vyčítají také všechny nakoupené skvosty se svou váhou i cenou; hřivna stříbra v nich počítá se za 8 až 13 franků. Dvořané císařovi dostávali hotové peníze; ku př. tři komorníci při nosítkách císařových 60 fr. (à trois vallés qui menent et conduisent la litiere de l'empereur); 100 fr. à Wernier de Poressin, chevalier de Boesme. Královici Karel a Ludvík, (onen starší 10-letý), dostali ku příchodu císaře nový zlatohlavový šat (drap d'or) za 60 fr. — V knihovně arsenálu Pařížského Nr. 643 nachází se popis této císařské návštěvy s drobnomalbami (Huber Regesta 5856a); dle mého vědomí dosud nikdo z Čech neviděl tohoto kodexu, ač by obrázky v něm byly pro nás zajisté velice zajímavé; opatří-li si je Akademie křesťanská v Praze k svému uměleckému dílu o Karlovi?

rostlivého otce obklopovali tři kvetoucí synové, kteří měli býti zaopatřeni. To stalo se tak, že mladším vykázány jsou také podíly v dědičných zemích; a poněvadž také jiní příbuzní drželi jisté částky, měly držebnosti rodu lucemburského po Karlovi celkem patero různých pánů. Že císař Karel takovémuto dělení dědičných zemí neodporoval nýbrž nadržoval, z toho činívá se jemu zlá dútka, ale sotva právem. Karel hověl v tom obecnému obyčeji své doby i celého staršího středověku; teprva pozdější věky uznaly potřebu, aby mladší členové panovnických rodů byli odbýváni toliko peněžitými apanažemi. Vůči tomu není spravedlivo požadovati na Karlovi, aby v té věci předstihl svůj věk, a postaviv se na odpor jeho zvyklostí, osvojil si názor pokolení pozdějších. Krom této obecné úvahy Karlovo dělení dědičných zemí omlouvá se v několika případech také příčinami zvláštními.

Co se týče vojvodství *Lucemburského*, bylo již dotčeno, že v tom Karel plnil toliko vůli otcovu i své starší závazky, když tu zemi ponechával nejmladšímu bratrovi Vácslavovi.[44]

Odlučování *Moravy* od Čech bylo ovšem povážlivé; ale i zde byl Karel vázán poslední vůlí otce svého, propůjčuje r. 1349 markrabství Moravské svému bratrovi Janu Jindřichovi v dědičné léno; že však Karel zároveň vyňal vojvodství Opavské a biskupství Olomoucké z markrabství Moravského a podřídil vojvodu i biskupa přímo králi Českému, to ukazuje zřejmou snahu, aby moc markrabova byla oslabena, a nebezpečenství

---

[44] Huber, Regesta Nr. 23. — Testament krále Jana daný 9. září 1340, u Schöttera, Johann von Luxemburg, II. 193.

toho propůjčení aby se umenšilo; také jest na
jevě, že oddělení Moravy správou od Čech neško-
dilo ani jedné ani druhé zemi, dokud Karel a Jan
Jindřich byli na živě, a hodní ti bratří ovšem se
nenadáli, v jaké nezdary zvrhnou se jejich synové.
Když markrabí Jan Jindřich zemřel (12. list. 1375),
král Václav IV. udělil 9. ledna 1376 léno na
markrabství Moravské jeho nejstaršímu synovi
Joštovi, tento pak postoupil mladším bratrům,
Janu Soběslavovi a Prokopovi, některé statky
v Moravě k jich výživě.

Nejmladšímu synovi svému Janovi udělil císař
na začátku roku 1377 město *Zhořelec* s okolím,
z čehož zřízeno bylo zvláštní knížectví, a východní
částku Dolejší Lužice s městy Kubínem, Somer-
feldem, Picní (Peiz) a Fürstenberkem, oboje ja-
kožto léno koruny České. Prostředkem roku 1378
kníže Jan obdržel k tomu ještě Novou Marku
v Brandenburku východně od řeky Odry, ale po
čtyřech letech zase té země pozbyl, ana připadla
Sigmundovi.

Druhý syn císařův Sigmund podělen byl
v pololetě 1378 markou *Brandenburskou* ke sku-
tečnému užívání, jejíž kurfirstské právo on již roku
1376 vykonával; po Sigmundovi měla ta země
náležeti jeho bratrovi Janovi a dále koruně České.
Oddělení Brandenburka správou od Čech bylo
tuším nevyhnutelné, poněvadž by knížata němečtí
byli sotva trpěti chtěli, aby dvojí kurfirstský hlas
byl spojen v jedněch rukou; z tohoto ohledu také
nejspíš pocházelo to, že Karel dával Brandenburk
od předešlých držitelů pojišťovati a postupovati
nikoli sobě nýbrž svým synům. Ač marka Bran-
denburská dle jednoty r. 1374 smluvené neměla
vycházeti z držení dynastie české, a stavové ta-

mější r. 1379 nazvali korunu Českou přímo markrabím Brandenburským, přece ta země nestala se lénem koruny České, nýbrž zůstala samostatným členem říše Německé.

Nejstaršímu císařovici Vácslavovi připadlo, krom trůnu německého, království České, větší část Hořejší i Dolejší Lužice, celé Slezsko, kdež po většině vládl bezprostředně, v ostatku pak byli knížata velice na něm závislí; on dále jakožto král Český dědil Chebsko a četná panství a léna v Míšni, Voigtlandě, Hořejší Falci a ve Frankách; on byl též vrchním lenním pánem biskupství Olomouckého, knížectví Opavského, jakož i bratrance svého Jošta markrabí Moravského a bratra Jana knížete Zhořeleckého; oběma bratrům svým, jak Janovi tak i Sigmundovi markrabí Brandenburskému, byl Vácslav též poručníkem, dokud by nepřišli k letům. Konečně byl Vácslavovi zabezpečen dědičný nápad vojvodství Lucemburského.

Z tohoto přehledu, kterak Karel rozdělil dědičné držebnosti svého rodu, vysvítá tuším zároveň, že v žádném případě nemohl se tomu slušně vyhnouti, vyjma snad u svého syna Jana, jehož podíl byl dosti nepatrný. Při tom však moc Vácslava IV. jakožto hlavy celého rodu byla tak znamenitá a vynikající, že podíly postoupené ostatním členům rodu ji příliš neztenčily.[45]) Že Vácslav IV. nepanoval tak mohutně jak otec jeho, toho příčina shledává se toliko v osobách, které byly rozdílné, a nikoli v institucích, jež byly jednostejné. Právě nejtěžší svízele, jimiž Vácslav IV. okolo r. 1400 trpěl, dokazují jasně, že neštěstí

---

[45]) V témž smyslu hájí Karla IV. Lindner, K. Wenzel, I. p. 66—68, 394.

Čtvrtým. Na toto jméno kancelář jeho vydávala také všechny listiny, ale vždy přísně se rozeznávalo, z jaké moci která listina vychází; to se v ní poznamenalo slovy: jakožto císař (před r. 1355 král) Římský, anebo: jakožto král Český.

Poslední dny života ztrpčila Karlovi zvěst o vypuklém velikém rozkolu v církvi katolické. Když papež Řehoř XI. v Římě zemřel (27. břez. 1378), zvolen tam byl nástupce jeho Urban VI. (8. dub.) Tento z počátku byl uznán ode všech kardinálů, ale později někteří kardinálové, nejvíce francouzští, vyhlásili jeho volbu za vynucenou od lidu Římského, a sestoupivše se ve Fondi v Neapolsku, zvolili tam vzdoropapeže Klimenta VII. (20. září), který později usadil se v Avignoně (v červnu 1379). Oba papežové hned vyobcovali vzájemně z církve jeden druhého i své odpůrce, a celá západní Evropa počala se pak rozestupovati ve dvě strany podle toho, kterého papeže kdo se přidržoval. Císař mohl ještě oznámiti knížatům katolickým svůj zármutek z toho skutku, a napomínati je i kardinály, aby všichni přidrželi se papeže Římského Urbana VI.; nelibost svou psal také vzdoropapeži Klimentovi, ten však docházel mocné podpory na dvoře francouzském. Tak musel Karel dočkati se toho, že jeden z jeho nejlepších úmyslův a úkolův císařských — návrat papežské stolice do Říma — zvrhl se k obecné škodě, ovšem beze všeho zavinění jeho.

Za těchto okolností zemřel císař Karel v královském svém hradě Pražském v pondělí dne 29. listopadu 1378, v třetí hodinu po slunce západu, v 63. roce věku svého.

Císařská mrtvola, byvši balsamována, byla po jedenácte dní v síni hradu Pražského vystavena.

Teprva dvanáctého dne počal se slavný pohřební průvod, v němž se pokračovalo ještě v následujících třech dnech. Průvodu účastnili se příbuzní s komonstvy svými, měšťané a měštky, žákovstvo škol Pražských, mistři a studenti vysokých škol Pražských, kterých čítalo se na 7000, duchovenstvo světské i řeholní, jehož bylo v Praze dobře 1200 osob; panstva a zemanstva z Čech a z Moravy sjelo do 500 osob. Světští účastníci byli všichni černě oděni, dámy jely ve vozích. Mrtvola oděná v plášť purpurový, se zlatou korunou na hlavě, nesena byla pod zlatými nebesy na ohromných márách, pokrytých zlatohlavem; v nesení střídaly se vzácnější osoby rozdílných stavů. Před císařem neseno devět korouhví se znaky za dědičné země, desátá za říši Římskou. Průvod vyšel v sobotu 11. pros. odpoledne z paláce královského na hradě Pražském a ubíral se na Vyšehrad, kdež v kostele ponechána mrtvola přes noc; nazejtří v neděli po mši tam sloužené obnovil se průvod, a mrtvola donesena do kostela sv. Jakuba na Starém Městě Pražském; odtud pak týmž pořádkem přenesena byla dne třetího na Malou Stranu do johannitského kostela Panny Marie konec mostu, a dne čtvrtého konečně na hrad k sv. Vítu. Pátého dne pohřebního (15. pros.) kardinál-arcibiskup Jan Očko sloužil v metropolitánském kostele slavnou pohřební mši, při které mu posluhovalo sedm biskupů. Po té císař v celém drahém oděvu a s příznaky panovnickými uložen do hrobu zvoleného od něho samého v témž kostele, uprostřed kůru Panny Marie. Řeči nad hrobem měli arcibiskup a po něm slavný mistr Pařížský Vojtěch, scholastikus Pražský.

Veliká a dosud v Praze nevídaná byla pompa, kterou všechny třídy obyvatelstva vzdaly poslední čest svému mocnáři; větší byl pláč a zármutek všech přítomných; největší a nejušlechtilejší byla však vděčná památka, kterou veliký nebožtík založil si v srdcích věrných Čechů na všechny budoucí věky.

Mausoleum ve velechrámě Svatovítském, pod kterým nyní Karel IV. se svými čtyřmi manželkami a některými potomními králi Českými odpočívá, zřízeno bylo teprva ku konci 16. století od císaře Rudolfa II., tak jak o tom nařídil již děd jeho, král Ferdinand I. v kodicille daném 4. února 1547. Královské mrtvoly byly r. 1590 přeneseny do tohoto nádherného královského hrobu, kterýž od té doby byl pětkrát otvírán a ostatky v něm ohledávány, poprvé r. 1677, naposledy r. 1854. Dle zpráv o tom tělo Karlovo bralo porušení velmi zvolna.[46])

---

[46]) Bartholdi Pontani Bohemia pia pag. 26. — Balbini Bohemia Sancta, Misc. lib. IV. pars II. pag. 67. — Legis-Glückselig, Prager Dom 64, 66; Illustr. Chron. von Böhmen II. 628.

Úvahy a rozpravy

o povaze a působení Karla IV.

V Čechách jest a po všechny věky byl Karel ze všech králů nejvíce oblíben u lidu a slaven od domácích historiků; na trůně pak německém nebylo snad nikdy druhého panovníka, který by byl zasypáván tolikerou hanou, jako Karel IV. Na čem se zakládá jeho obliba a úcta u Čechův, to vysvítá již z hořejšího vypsání života jeho, a doloží se ještě některými kusy místněji níže. Nyní přihlédneme k otázce, odkud pochodí jeho tupení u Němcův, a má-li jakou oprávněnost do sebe.

Jako žádný znamenitý muž, tak ani Karel IV. nelíbil se lidem všem. Již mezi souvěkými letopisci v Němcích a v Italii vyskytují se někteří, jižto osobu a skutky jeho zlehčují z pohnutek rozmanitých, ale vždy průzračně strannických. Káraví hlasové tito týkají se ponejvíce věcí nepatrných, a naproti jiným pochvalným mnohem četnějším zůstávají za života Karlova vždy ve skrovné menšině. To se však změnilo již v nejbližším pokolení, když panování synovo v Němcích (ovšem proti nadějím Karlovým) sklonilo se ke zlému a Vácslav konečně od kurfirstů byl sesazen. Když pak nad to později Vácslav uveden byl u Němců ve svrchovanou ošklivost, že prý „vyseděl husitské kacířství“: tu již na Karla jakožto

na původce volby Vácslavovy svalováno všecko
pozdější neštěstí říše Německé, a posuzovatelé li-
bovali si v nadsazování pořád větším.[47])

Výše bylo dotčeno (str. 82), jaké těžké ne-
shody měl Karel s Rudolfem IV. vojvodou Rakou-
ským. Jest přirozeno, jestli překážky, o které se
rozbíjely smělé plány Rudolfovy, zůstavily u dvora
rakouského dědičnou kyselost proti Karlovi IV.,
jakož neobyčejné povznešení rodu lucembursko-
českého vzbuzovalo žárlivost i jiných dynastií ně-
meckých. Když pak kolo času a štěstí se otočilo,
císař Fridrich III. potvrdil privilegia od Rudolfa
IV. vymyšlená a od Karla IV. zavržená, čili (jak
potvrzovací listina ze dne 6. led. 1453 sama se
vyjadřuje) od vojvod Rakouských s bedlivou pílí
a velkou mocí hájená proti těm, kdož na ta
privilegia „neslušně sáhali a tyranskou násilou je
potlačiti pokoušeli se". Tu historická nepravda
stala se zákonitou pravdou; a jak stanovisko ra-
kouské v této věci vítězilo, tak nabývalo také
vrchu nepříznivé mínění o Karlovi, jež s tím sta-
noviskem souviselo. Těmto rakouským tradicím
přičítám dva káravé úsudky, které za příčinou
vysokého postavení osob, od kterých pocházejí,
došly velikého rozšíření. Původcem jednoho jest
Aeneas Sylvius, který zdržoval se dlouho u dvora
císaře Fridricha III., později pak proslul jakožto
papež Pius II. (1458—1464); tenť ve své Historii
české (cap. 32) ublížil Karlovi nejedním osočením;
sen Tarencký výše (str. 23) zpomenutý překroutil
v nezasloužený prospěch krále Jana k větší mravní
úhoně Karlově; o panování jeho pak píše, že
Karel byl by sice býval výtečným císařem, kdyby

[47])Lindner, K. Wenzel, I. 44.

si byl království Českého nevážil více než říše
Římské; zejména prý uvalil na jméno svoje ne-
malou skvrnu tím, že za života svého usiloval
syna svého dostati na trůn německý, a za to slí-
bil prý každému kurfirstu po 100.000 zl., namísto
kterých jim prý zastavil cla říšská (což dle listin
jest vše z míry nadsazeno); tím prý moc říše
Římské byla navždy v niveč obrácena, tak že již
nikdy pozvednouti se nemohla. Celou tuto stran-
nickou theorii Sylviovu vyslovil potom úsečněji a
ostřeji císaře Fridricha III. syn a nástupce, císař
Maximilian I. (1493—1519), řka o Karlovi IV.,
že byl „království Českého otcem, a Svaté říše
Římské arciotčimem."

Výrok tento nabyl platnosti hesla u potom-
ních historiků německých. Co Němci potom až do
našich časů napsali o Karlovi IV., to všechno, až
na malé výjimky, jsou jen variace, všelijak jizlivě
i pitomně modulované, na starý motiv Maximili-
anův; a k odůvodnění jeho opakován byl stereotypně
úsudek Sylviův, jenž tak přešel do všech kronik
a dějepisů německých. Tu máme studnici stale-
tého nepříznivého mínění o Karlovi. Zdali to mí-
nění jednou pojaté srovnává se se skutečností, o to
Němci až do nedávných let málo se starali. Ano
byly o to takořka dějepisecké předstihy, kde kaž-
dému novému opisovači šlo o to, aby v hanobení
překonal svého předchůdce. Byl obyčej líčiti Karla
jakožto pouhého sobíka, bezohledného soběhraba,
prázdného všelikých ušlechtilých snah a vznešes-
ných cílů. Zásluhy jeho o říši Německou buď uml-
čovali anebo zlehčovali, a vystavivše Karla za nej-
nehodnějšího mezi císaři, za vzor slabocha a za
vtělenou chatrnost, požadovali zase od něho věcí
ohromných, kterých Němcům po časích Hohen-

staufských žádný panovník nikdy nedal a dáti ne-
mohl. Odsuzování to pochází, odečteme-li starý
zvyk, dílem z národní závisti, dílem z nevědomosti.

Závist zde účinkuje. Ve výroku Maximilianově
jest kus pravdy, ale jen kus: Karel byl skutečně
království Českému otcem. Ačkoli pak Němci po-
čítají toto království k říši Německé, přece sami
u sebe dobře vědí, že ono bylo České, že nebylo
jejich nýbrž Čechův. Kdyby dědičnou zemí Kar-
lovou byly Rakousy nebo která koliv jiná země
německá, a kdyby Karel k jejímu zvelebení byl
tolik učinil co v Čechách, není pochyby, že by ho
Němci uznávali za hodna chvály své. A skutečně,
co dobrého za posledních pět let provedl v Bran-
denburku, to dochází obecné chvály a bylo prý říši
ku prospěchu; ale že 45 let pracoval o povzne-
šení království Českého, to prý bylo říši na
škodu a má býti Karlovi k úhoně! Po osudném
mezikráloví v Němcích (1254—1273), jež násle-
dovalo za pádem dynastie Hohenstaufské, již všichni
Němečtí králové a císařové, nechť byli z rodu
habsburského, nassavského, lucemburského nebo
bavorského, provozovali touž dynastickou poli-
tiku, starajíce se především o rozmnožení a zve-
lebení svých dědičných zemí; a když tato politika
vykládá se za zlé samojedinému Karlovi, u něhož
prospívala Čechám: odkudž odjinud může pochá-
zeti to odsuzování nežli z národní závisti?

Nepřízeň ta byla by spravedlivá jenom tehdáž,
kdyby Karel byl zanedbával říši Německou, kdyby
jí byl opravdu býval otčimem. Ale kdo se toho
domnívá, ten to činí z nevědomosti. Slavný náš
historiograf František Palacký vyslovil naději, „že
důkladnější studium dějin věku Karlova, posavad
zanedbaných, o němžto teprv za naší doby pilněji

dbáti se počíná, povedouc k jasnějšímu poznání pravdy, zmírní také dotčené příkré protivy v posuzování panovníka tohoto."[46])   Toto předpovědění Palackého již se vyplnilo, a vyplnilo se větší měrou, nežli on sám se nadál. Hájilť Palacký Karla proti mnohému osočení německému, ale při tom přece i sám podržel ze staré německé tradice některé nepříznivé náhledy o něm, jež nyní již od Němců samých jsou poopraveny nebo docela vyvráceny. V posledních letech několik německých dějezpytců obralo si dobu Karlovu za předmět nového badání; studium to není ještě dokončeno, nýbrž teprva počato, ale vedlo již k výsledkům dříve netušeným. Buďtež zde jmenováni professoři Höfler v Praze, Lindner ve Vratislavi, Huber v Innšpruku, Krones ve Štyrském Hradci, a Friedjung ve Vídni. Žádný z těchto Němců, vyjma poněkud Höflera, neobrací se ku Karlovi IV. s láskou aniž s horlivostí v obhajování; ale všichni odchýlili se od starší zvyklosti německé v tom, že zacházejí s Karlem jako s člověkem, t. j. nesnižují jeho povahu a skutky pod důstojnost lidskou, ani nežádají na něm věcí nadlidských, nýbrž přikládají k jeho konání i opominutí totéž měřítko jako u jiných panovníků. Tu pak úsudky jejich o Karlovi dopadají ovšem jinak, než dosud bylo v Němcích obyčejem psáti.

Höfler byl mezi Němci první, který Karlovi prokázal spravedlnost; unáváť, že Karel jakožto císař Římský usiloval o to, co bylo dosažitelné, a to že se mu také dařilo; míní zejména, že bez Zlaté Bully byla by říše beze všeho pochybenství musela se rozpadnouti, a Karel že ji tím základ-

---

[46]) Palackého Dějiny II. 2. 209.

ním zákonem na několik století zachoval pohromadě; dle téhož historika zásluha Karlova o návrat papežův do Říma dostačuje, aby mu sama zabezpečila jméno statečného císaře. — Lindner zabýval se Karlem toliko v úvodě k Dějinám říše Německé za krále Vácslava; k té práci přinesl s sebou notnou porci starých předsudků německých proti Karlovi; ale hned přiznává se k mínění Palackého, že hlubší skoumání povede k lepšímu ocenění toho císaře; pravdivost toho mínění dokazuje Lindner svým vlastním příkladem, neb během uvažování svého setřásá se sebe jeden předsudek po druhém, docházeje celkem k týmž vývodům jako Höfler; nad to pak zevrubným proskoumáním listin podstatně opravil i Palackého nepříznivé mínění o volbě Vácslavově. — Huber doplněním a vydáním Böhmerových Regest položil teprva základ k důkladnému dějezpytu císařování Karlova; v úvodě k tomu znamenitému dílu shledáváme doloženo téměř vše to, v čem Höfler a Lindner napravili úsudky o Karlovi; v příčině pověstného výroku Maximilianova, že by Karel byl říši Německé arciotčimem, míní Huber (str. XXXII), že sotva shledá se oprávněným při nepředpojatém uvažování Karlova vladaření. Krones pak v Historii rakouské (str. 165) praví o témž výroku krátce a dobře, že jest v něm zrnéčko pravdy, ale hodný náklad neslušného předsudku. — Friedjung sice ubližuje povaze Karlově, upíraje mu srdce, lásku a nadšení, jakoby se byl vždy spravoval jen suchým a chladným výpočtem; což vše jest dílem nadsazeno, dílem dokazatelná nepravda; ale ostatně celý spis Friedjungův o Karlovi a jeho podíle v duševném ruchu doby jeho jest nepřetržitým důkazem, jak velikých zásluh získal si

Karel svým příkladem a královskou podporou o nejvyšší a nejušlechtilejší interessy souvěkého lidstva.

Přihledneme nyní podrobněji k činnosti Karlově v říši Římsko-Německé, zejména k těm stránkám, kterých jsme v předešlém chronologickém vypravování málo sobě všímali, poněvadž hodí se k výkladu věcně souvislému.

Hned v prvních letech kralování činěny Karlovi mnohé výčitky za příčinou jeho poměru ke stolici papežské. Ku porozumění těch spletitých věcí dlužno míti na paměti, že v středověku přesně se rozeznávalo království Římské od císařství Římského. Králem Římským, či vlastně Německým, byl ten, kdož k tomu od kurfirstů německých byl zvolen a korunován; volba dála se z pravidla ve Frankfurtě, korunování v Cáchách. Každý král Římský byl samojediným kadidátem důstojenství císařského, ale nekaždý jeho dosáhl; k tomu bylo potřebí pokaždé zvláštní smlouvy s papežem, neboť papeži náleželo výhradné právo, aby osobně nebo skrze legáty korunoval císaře, což se dálo vždy v Římě; v městě Římě jako ve státě papežském vůbec nenáleželo však ve 14. století králům ani císařům Římským žádné panovnické právo, toho se museli jeden po druhém odříkati. Že důstojenství císařské pochází z udělení papežského, to bylo každému zjevno, pročež také závislost koruny císařské na papeži byla v Němcích obecně uznávána. Poněvadž však koruna císařská byla s královstvím Římsko-Německým tak spojena, že za císaře nebyl po několik století nikdo jiný korunován nežli král Německý, jenž proto slul úředně Římský: z té příčiny papežové hleděli rozšířiti vliv svůj také na volbu krále Římského, ano usilovali připraviti sobě důstojenství královské v Němcích v touž závislost, ve které se nacházel titul císařský. V tom směru dosáhli papežové za 13. a 14. století úspěchu velikého, ač nikdy úplného. V těch stoletích nejeden král Německý povýšen na trůn aneb s něho svržen mocí papežskou; i samo pravidlo, kolik má býti kurfirstů a kteří to jsou, ustálilo se hlavně bullou papežskou z dne 31. srpna 1263; později několikráte, a za císaře Ludvíka Bavora opětovně dvůr papežský usiloval zjednati platnost zásadě, že kdo byl od kurfirstů za krále zvolen, ten nemá dříve užívati titulu královského ani vykonávati jaká práva královská v samých Němcích, ani dáti se korunovati za krále, dokud by volba jeho nebyla od papeže skoumána, schválena a potvrzena; odtud také odvozováno, když by trůn v tomto smyslu byl uprázdněn, že papež má právo jmenovati vikáře čili náměstka, jenž by říši prozatím spravoval. Naproti těmto přílišným nárokům kurfistové v proslulé schůzi v Rense r. 1338 usnesli se a ustanovili za právo, že i samo volení od kurfirstův má míti úplnou platnost; čímž dosazování krále Římského vyhlášeno jest za nezávislé na stolici papežské, avšak udělování důstojenství císařského zůstaveno i nadále v moci papežově. Ze sedmi kurfirstův německých král Český Jan neúčastnil se tohoto památného shromáždění a usnešení v Rense.

Bylo již ukázáno (str. 49), kterak Karel zvolen byl v Němcích za krále hlavně přičiněním papeže Klimenta VI. Za osobní přítomnosti Karlovy v Avignoně v dubnu 1346 bylo vše ujednáno, tam také Karel hned napřed musel se uvoliti ku podmínkám, pod kterými měl býti povýšen na trůn Římský. Nejpodstatnější mezi těmi výminkami byly dvě; 1. odřekl se všelikých práv, jež by říše mohla si počítati ke státu církevnímu, též ku království Sicilskému, k Sardinii a Korsice, ku kterým stolice papežská táhla se právem vrchního lenního panství; 2. Karel zavázal se, že buda zvolen za krále, teprva po svém potvrzení od papeže uváže se ve správu Italie, pokud k říši náležela. Obě podmínky tyto, jakkoli naproti časům Hohenstaufským těžké, nebyly přece nové, ano několik nedávných předchůdců Karlových v říši podvolovalo se jim, a kteří posledně odporovali, těm zle se to vydařilo. Karel jednal zajisté moudře, odříkaje se hned předkem všelikého nového útoku na posice, jichž stolice papežská byla sobě v Italii vybojovala již za předchůdců jeho. Avšak z dotčených hlavních závazků plynuly jisté důslednosti, z nichž některé byly nemálo na považenou. Byloť to zajisté přímo ponižující, když Karel musel slíbiti, že nepřijde do územku papežského leč k dosažení koruny císařské, a že po korunování odejde z Říma ještě téhož dne, z ostatního pak státu papežského co možná nejdříve, čímž ovšem chtělo se co nejostřeji dáti světu na vědomí, že papež jest samojediným pánem ve státě církevním, a že císaři nenáleží tam nižádné právo. Slibem Karlovým, že nebude k sobě potahovati vlády v Italii, dokud nebude od papeže za krále potvrzen, byl uznán dávný požadavek papežský, dle kterého stolice apoštolská měla jmenovati náměstka říšského v Italii, kdykoli by trůn Římský byl uprázdněn, aneb dokud by zvolenec kurfirstův nebyl papežem potvrzen; z tohoto ústupku následovalo, že Karel musel za neplatné prohlásiti všechny rozsudky a skutky, jež učinil Ludvík Bavor jakožto císař anebo i v Italii jakožto král (neboť Ludvík nebyl nikdy od papežské stolice potvrzen); nad to pak musel Karel i v tom býti papeži po vůli, že slíbil zrušiti všecky processy svého děda císaře Jindřicha VII. proti vzdorovitým poddaným v Italii, čímž nepochybně mělo býti pomstěno to, že Jindřich VII. táhl se k panovnickým právům v územku i v lenních odvislostech stolice papežské. Méně závažné byly ostatní články kapitulace Karlovy z dne 22. dubna 1346. Tato umluva dle mínění Huberova znamená vrchol moci papežské naproti říši Římské. Avšak velikého pozoru zasluhuje to, že Karel v kapitulaci své nikde nepřiznal, že by k vykonávání práv královských v Němcích potřeboval potvrzení papežského; co se týče Italie, povolil papeži ve všem, ale povolnost jeho nešla tak daleko, aby zadal samostatnost vlastní říše Německé. Úmluvami Karlovými s Klimentem VI. nebyl porušen výrok kurfirstů v Rense r. 1338 učiněný a snadno se domyslíme, že to nešlo náhodou, nýbrž z opatrné rozvahy; Karel také tuto svou prozřetelnost později využitkoval měrou vrchovatou.

Na onen čas však Karel musel býti co nejkrotší. Postavení jeho v Němcích po volbě ano až do smrti Ludvíka Bavora bylo velice chatrné a vrátké. Bez přízně papežské, která dopomohla mu k titulu, nemohl se obejíti, když bylo mu pracně domáhati se podstaty toho titulu. Při tom stolice papežská byla naproti oblíbenci svému nemálo opatrná ano nedověřivá: pětkrát po sobě jí musel učiniti sliby své, čtyřikrát sám písemně, jednou po poslích. V této situaci pořád choulostivé, časem trapné až k nehodnosti královského jména, Karel viděl se pohnuta činiti papeži po vůli daleko více, než k čemu dle přísah a písemných slibů zavázán byl. Onť zdržoval se vykonávání práv královských v Němcích, a nedal se korunovati za krále Římského, dokud neobdržel potvrzení papežského. Nad to Karel dal skrze plnomocníky učiniti stolici papežské slib věrnosti, což byl jeden z nejpalčivějších kusů v staletém sporu mezi theoriemi papežskou a císařskou. Ano když jeho tyrolská výprava proti císaři Ludvíkovi s nezdarem se potkala, tu vzdorokrále Karla opustila sebedůvěra tak dalece, že dne 27. srpna 1347 (ovšem dle zprávy nezcela spolehlivé) uznal svůj titul krále Římského za závislý na stolici papežské. To by ovšem byl nejvyšší vrchol nadvlády církevní nad říší.

Na pohled byl to čas nejhlubšího ponížení, když Karel razil sobě cestu ku povýšení, které tehdejší západní Evropa pokládala za nejvyšší. S dvou rozličných stran máme svědectví, jak malé vážnosti Karel tehdáž mimo vlasť svou požíval. Florenčan Jan Villani, stranník papežský v Italii, chválí sice od sebe Karla při jeho volbě jakožto „pána statečného a moudrého“, ale podotýká, že „většina z nevážnosti k té volbě nazývá ho císařem kněžským.“ A Vilém Ockam, přehorlivý stoupenec Ludvíka Bavora i celé theorie císařské proti papeži, vytýká Karlovi, že se dává užívati za nástroj Avignonským popům, kteří prý sami „vysmívají se jemu, nazývajíce ho žoldnéřem a běhounem svým.“[49]

Per augusta ad augusta! Karel doved1 se ponížiti, aby se povýšil. Brzy přišel čas, kde hořejší úsudky umlkly. Jakmile nenadálou smrtí císaře Ludvíka napodzim 1347 štěstí obrátilo se na

---

[49] lo'mperadore de'preti, Villani ap. Muratori t. 13. p. 941. — stipendiarium et cursorem, Ockam ap. Höfler, Aus Avignon 30 N. 1.

stranu Karlovu, a on upevnil se na trůně ně-
meckém tak, že všeliké pokusy strany Wittels-
bašské o postavení vzdorokrále proti němu ne-
byly mu opravdu nebezpečné: tu hned počalo se
ukazovati, že Karel nehodlá dávati se potřebo-
vati za pouhý nástroj dvora papežského, nýbrž
že v konání svém zachovává sobě všechnu nále-
žitou samostatnost. Proměna ta jevila se i drob-
nými vzdory a nepovolnostmi, jež sobě vzájemně
vyměňoval dvůr Pražský s Avignonským. Když
papež Kliment VI. 19. září 1348 projevoval Kar-
lovi soustrasť nad úmrtím jeho manželky Blanky,
radil mu zároveň, aby si vzal druhou manželku
z královského rodu francouzského jakožto prý
církvi obzvláště věrného; ale Karel v půlletí po-
tom 4. bř. 1349 pojal kněžnu z rodu Wittelsbaš-
ského, příbuznou Ludvíkovi Bavorovi, jenž zemřel
ve kletbě papežské. Když pak král dosáhl smíru
s Güntherem ze Schwarzburka a jeho přívrženci
(26. kv. 1349), a chtěl vésti Ludvíka Brandenbur-
ského do Avignona, aby ho smířil s církví, tu
papež zamítl návrh jeho hledanou ač zdvořilou
vytáčkou; dávalť mu Kliment na uváženou (18.
čna. 1349), že prý on, král Karel, nyní nemůže
opustiti Německo bez nebezpečenství své věci.
A dále když král v Budišíně 14. února 1350 opětně
přislíbil svým bývalým protivníkům, že přičiní se,
aby byla sňata kletba s Ludvíka Brandenburského
a s jeho bratří a přívrženců: papež místo povol-
nosti dal obnoviti interdikt na všechny země Lu-
dvíkovy (3. května 1350). Král již toho času po-
mýšlel na výpravu Římskou ku korunování svému,
ale úmysl ten potkával se u dvora Klimenta VI.
se zjevnou nechutí, kteráž neulevila ani když Jan
Visconti, výbojný arcibiskup Milanský, zmocnil se

papežského města Bononie (28. října 1350). Karel
pokládaje tu dobu papežovy tísně za vhodnou
k obměkčení jeho, vypravil na počátku r. 1351
slavné poselstvo do Avignona v příčině své za-
mýšlené cesty Římské; ale Kliment vyličoval
poslům jen nebezpečenství, jakému by prý král
při tom šel vstříc; přívržencům pak svým v Italii
psal papež, že nemohl přísněji zrazovati Karla
od toho úmyslu ze strachu, že by sic mohl král
spolčiti se s Janem Viskontem. Aby mohl se obe-
jíti bez pomoci královy, papež raději smířil se
s arcibiskupem Milanským, jejž dříve jmenoval
nepřítelem Boha a církve, a ponechal mu držení
Bononie na 12 let za roční poplatek. A tak vi-
díme, že za posledních let papežování Klimenta
VI. († 6. pros. 1352) velice ochladl bývalý přá-
telský poměr mezi ním a králem Karlem; a ne-
mohlo býti jinak, sklamání muselo se dostaviti,
očekávali-li v Avignoně opravdu, že Karel bude
jejich žoldnéřem a běhounem.

Nový papež Innocenc VI. byl králi přízni-
vější, a netoliko mu nepřekážel, nýbrž i podpo-
roval ho mocí a vlivem svým na výpravě Římské,
na kterou se Karel vydal napodzim 1354. Inno-
cenc ochotně zplnomocnil dva kardinály ku koru-
nování na císařství. Závazky, které Karel při tom
musel obnoviti, smluveny byly již r. 1346; papež
na nich přestával, a císař také věrně a upřímně
se k nim znal a je dodržel.

Jakmile Karel dosáhl koruny císařské a tím
(dle souvěké víry) nejvyššího vrcholu cti a moci
světské, byla jedna z nejprvnějších pečí jeho, aby
zabezpečil říši Německé na budoucí časy trvalost,
lepší pořádek i samostatnost. Na všechny strany
mělo se napraviti, co v říši upadající staletým

9*

nešťastným vývojem ještě napraviti se dalo. Sku-
tečně učiněn k tomu největší možný krok *Zlatou
Bullou*, usnešenou a vyhlášenou na sněmích říš-
ských v Normberce 10. ledna a v Metách 25. pro-
since 1356. Přiznaný hlavní účel tohoto základního
zákona byl, aby pevnými pravidly ustanovil se
spůsob volby krále Římského, a tudy aby prede-
šly se dvojaté volby a různice odtud pocházející.
Počet sedmi kurfirstů, jakž byl ustálen již ode
sta let, byl podržen; ale musela se odstraniti
vada, ze které vyplývalo největší zlé, že dosud
všichni členové kurfirstského rodu počítali si právo
k volbě, a byli-li nesvorní, užívali ho jeden proti
druhému. Náprava v tom nemohla se státi jinak
než zavedením nedílnosti a posloupnosti dle po-
řádku prvorozenství ve světských kurfirststvích, a
nařízením, že toliko skutečný držitel kurfirstské
země má hlas volicí. Že Zlatá Bulla přísně pro-
vedla tyto zásady, kterými ovšem mnozí tehdejší
knížata němečtí byli zbaveni svého nároku k volbě,
to bývalo Karlovi za zlé pokládáno; avšak i zde
novější němečtí dějezpytci uznávají, že tou
výtkou dála se křivda císaři, neb jinak nijak ne-
mohl pořádek zaveden býti.

    Ostatní obsah Zlaté Bully v příčině volby
králů jest v krátkosti tento: Když císař nebo král
Římský zemře, náleží arcibiskupovi Mohučskému
ustanoviti den volby a pozvati k ní ostatní vo-
lence do Fraukfurta. Komu většina kurfirstův buď
osobně nebo skrze plnomocné posly dá své hlasy,
ten jest králem Římským, jenž za císaře povýšen
býti má (rex Romanorum in caesarem promoven-
dus), a volba jeho jest tak platna, jakoby jedno-
svorně ode všech kurfirstův volen byl. Kurfirstové
následují po sobě dle přednosti takto: napřed tři

duchovní, a to 1. arcibiskup Mohučský, 2. Kolín-
ský, 3. Trevirský (všichni tři jakožto arcikanclé-
řové říšští, ovšem jen titulární); po nich čtyři
světští, totiž 4. král Český jakožto arcičíšník, 5.
falckrabí Rýnský jakožto arcijidlonoš, 6. vojvoda
Saský jakožto arcimaršálek, a 7. markrabí Bran-
denburský jakožto arcikomorník říšský. Že král
Český postaven mezi světskými kurfirsty na první
místo, to byla novota Karlem vymožená, neb dříve
král Český býval na místě nejposlednějším, a někdy
mu bylo i upíráno právo voličské. Aby Karel práva
císařská nad knížaty rozhojnil čili samostatnost
jejich zúžil, na to nebylo ani pomyšlení; naopak,
chtěl-li obdržeti svolení kurfirstů k svému zákla-
dnímu zákonu, musel ještě zeměpanská práva je-
jich rozšířiti; to učinil podle vzoru českého, tak
sice, že některá práva, jichž království České od
nepaměti samostatně užívalo, udělena jsou Zlatou
Bullou také ostatním kurfirstům v jejich zemích.

Uvedení pevného pořádku v Němcích vůbec
a při volbách králů zvlášť bylo hlavním ale nikoli
jediným účelem Zlaté Bully; ona zároveň měla
opatřiti samostatnost říše Německé naproti stolici
papežské, jejíž zasahání do osazování trůnu mělo
se zameziti. Toho dosaženo mlčky, ale velmi účinně.
Zlatá Bulla nic neví o účastenství papeže při volbě
krále; ona prostě stanoví, kterak Německá říše
opatřuje se sama panovníkem. Krom toho nařizuje,
že když trůn Římský jest uprázdněn, mají moc
říšskou vykonávati vždy falckrabí Rýnský v zemích
Porýnských, Švábských a kde platí právo francké,
a vojvoda Saský zase v zemích, které spravují se
právem saským; tím byl zhola a navždy odmítnut
nárok papežův, kteří chtěli v čas uprázdnění trůnu
opatřovati říši náměstkem.

Srovnáme-li to vše s kapitulací Karlovou ze dne 22. dubna 1346, shledáme v tom mistrovský kus diplomatický. Co Karel slíbil stolici papežské v záležitosti císařství a práv říšských v Italii, toho v Zlaté Bulle nikterak se nedotekl; ale že si v závazcích svých dovedl zachovati volnost v příčině Německa samého, toho nyní až do nejkrajnějších mezí užil k založení úplné samostatnosti Němec naproti papeži. Zásada vyslovená na kurfirstském sjezdě v Rense byla nyní povýšena za zákon říšský; volba krále i správa Němec za uprázdněného trůnu staly se domácí záležitostí německou, papeži odňat všechen vliv na to na všechno. Nad to pak obvyklým titulem také ve Zlaté Bulle užívaným: rex Romanorum in caesarem promovendus, měla i koruna císařská býti připoutána ku království Německému tak dalece, aby papeži nezbývalo než zvolenému králi Římskému důstojenství císařské uděliti nebo odepříti, na jinou osobu však ho již neměl přenášeti; v těchto mezích zůstalo korunování císařské vždy výhradným právem papeže.

Jest pochopitelno, že takovéto pořízení tím spůsobem o říši sjednané nemohlo býti stolici papežské po chuti; ale rovněž jest patrno, že Karel Zlatou Bullou neporušil zřejmě žádných obapolných smluv ani neuchýlil se od staré zvyklosti; a tak papež neměl proti císaři čeho se uchopiti. Jsou některé zvěsti o rozmíškách nastalých z toho mezi dvorem Avignonským a Pražským, ale ke zjevné roztržce nedošlo.[50]) Císař Karel stál nyní naproti

---

[50]) Palackého Děj. II. 2. 159. — Někteří praví, ač bez náležitých dokladů, že Innocenc VI. protestoval proti Zlaté Bulle; Friedjung, K. Karl, p. 89. — Innocenc VI. r. 1358 svolil ku propuštění Ludvíka

stolici papežské ovšem jinak nežli dříve král Karel.
Ku př. dříve Karel učinil papeži přísahu věrnosti
a svolil ke zrušení všech rozsudků, jež děd jeho
císař Jindřich VII. vynesl proti svým nepřátelům
v Italii; nyní pak slavným poselstvem žádal u Inno-
cence VI,, aby odvolal dvě konstituce vydané od
papeže Klimenta V.; v jedné se dovodilo, že cí-
sařství jest závislé na papežství a že císařové
jsou papežům zavázáni přísahou věrnosti; druhá
zdvihala rozsudek vynesený Jindřichem VII. proti
Robertovi králi Neapolskému. Císař Karel mínil
nyní, že ty konstituce aneb dekretalie vydány
byly říši na škodu a na ujmu cti jeho děda. Papež
Innocenc nevyhověl sice žádosti Karlově, aby ty
konstituce zrušil, ale dal jim ten výklad, že jimi
netrpí újmy dobrá povèst císaře Jindřicha, jemuž
Innocenc vzdává velikou čest (11. ún. 1361). Cí-
sař na tom přestal, neb pouštěti se o to do opra-
vdového sporu se stolicí papežskou, k tomu neměl
náklonnosti a dle minulosti své ani práva.

Ve Zlaté Bulle velmi vhodně a opatrně od-
dělena jest záležitost království Římského čili Ně-
meckého od otázky císařské; byloť slušné, že Ně-
mecko samostatně upravilo volení svého krále;
při tom sněm říšský jednal sice proti mnohým

Brandenburského z trestů církevních, čehož Kliment
VI. učiniti nechtěl, ač Karel se za to přimlouval;
poněvadž vojvodové Rakouští byli při tom prostřed-
níky, a císař před tím byl znepřátelen s vojvodami
Bavorskými, vykládal Palacký to zrušení klatby jako
šachový tah proti císaři. Tím však ta věc aspoň při
počátku nebyla; neb císař byl již 2. ledna 1858
s Albrechtem Bavorským zase dokonale smířen, a
v první listině na propuštění synův císaře Ludvíka
z klatby (23. bř. 1858) praví se, že papež tak činí
ku prosbě císaře Karla.

požadavkům papežským, ale nikoli proti obapolným smluvám. Že však, jak dotčeno, Zlatá Bulla chce také korunu císařskou zákonně spojiti na vždy s královstvím Římským, to byl krok jednostranný, naproti kterému stálo nedotknuté právo strany druhé, totiž výhradné právo papeže k udělování koruny císařské. Krok ten musel býti učiněn jednostranně, neb nebylo žádné naděje, že by papež, zejména když přebýval v Avignoně pode vlivem dvora francouzského, svolil k takovému zákonu. Měla-li teda Zlatá Bulla v tom kuse přece míti skutečný průchod, bylo dlužno upraviti všeobecné poměry tak, aby papeži nezbývalo než dopřáti vždy králi Německému koruny císařské. K tomu bylo potřeba dvojího, předně aby říšský díl Italie připoutal se opět k Německu, a zadruhé aby stolice papežská přestěhovala se z Avignona do Říma.

Obojí ten úkol vykonal Karel dle vší tehdejší možnosti, a jakž nynější němečtí historikové uznávají, zasloužil si tím vděk národa Německého, v jehož prospěch to vše směřovalo. Na první a druhé výpravě Římské obnovil panství říšské v celé hořejší Italii. Ovšem dosáhl toho jen tím spůsobem, že signorům a voleným úředníkům republik potvrzoval jejich moc s titulem náměstků říšských; „že však Karel nepokusil se o to (dí Huber XXVI), aby odňal městům samosprávu a zničil vývoj celého století, to může platiti asi jen za důkaz praktického smyslu jeho, neboť takové předsevzetí bylo by muselo nevyhnutelně na zmar přijíti." V týž rozum soudí Lindner (str. 6), dokládaje, že „po dlouhý již čas žádná hlava říše nevykonávala tak velikého a trvalého vlivu v Italii, jako Karel IV." A totéž možno říci o oživení práv říšských v Arelatě čili v Burgundě, který byl dávno uvykl ještě většímu odcizení od Německa. „Karlovy snahy byly by snad přece vedly k udržení několika burgundských krajin při říši (míní Huber XXVII), kdyby moc a vliv její za Karlových nástupců nebyly úplně se zviklaly.“

Bylo již ukázáno (str. 95 sl.), kterak Karel přičiňoval se o ukončení tak řečeného babylonského zajetí, jež škodilo Německu neméně než církvi. První císařem vymožený návrat stolice papežské do Říma (1367) nebyl sice trvalý, ale byl to přece počátek. Později sám vývoj věcí italských, jemuž císař nebránil, přinutil papeže, aby se usadil v Římě navždy (1377).

Kterak Karel za těchto let zaujímal naproti papeži jiné postavení, než ve svých počátcích, to ukázalo se zřejmě při jeho druhém pobytě ve věčném městě. Ačkoli král při své volbě vzal na sebe ponižující závazek, že po korunování na císařství nebude v Římě ani přenocovati, přebýval tam r. 1368 se dvorem svým asi dva měsíce vedle papeže a beze vší nesnáze o to s ním.

Nejdůležitější zjev na touž stránku spadající jest volba Vácslava v Němcích. Nejprve císař papeži prostě ohlašoval (30. bř. 1376), že kurfirsti hodlají voliti jeho syna za krále. Řehoř XI. dělal vůbec námitky proti volbě za života Karlova, zvláště však a rozhodně protestoval proti korunování a proti vykonávání vládní moci od Vácslava, dokud by nebyl od papeže potvrzen; i připomenul hrozivě, že z takové příčiny vznikly processy proti Ludvíkovi Bavorovi. Ale papež nemohl v tomto smyslu jednati, jsa ochromen nepřátelstvím Florenčanů, proti kterým potřeboval pomoci císařovy; a Karel neopominul těžiti z té situace pro sebe.

On svoloval sice, aby Vácslav připověděl stolici
papežské vše to, co jí Karel při své volbě byl
slíbil; i k tomu se propůjčil, že korunování Vác-
slava o patnácte dní odročil, aby papež, chce-li,
mohl potvrditi volbu před korunováním; ale odtud
až k uznání zásady, na které papeži nejvíce zá-
leželo, že ku korunování za krále jest potřeba
předchozího papežského potvrzení volby, bylo
velmi daleko, a Karel zhola zamítal také všechny
ostatní požadavky, kterými volba německá měla
býti učiněna závislou na svolení papežském. Vác-
slav byl skutečně korunován v ustanovený den
(6. čce. 1376), ač potvrzení papežské nedošlo. Tím
nastal případ, pro který byl papež před tím ve
květnu hrozil, že by slavně protestoval a Vácslava
nikdy nepotvrdil. Tak zhurta to však nešlo; na-
stalo diplomatické napnutí a vzájemné odcizení
se, ale nikoli zjevný zápas. S jedné strany papež
měl dost na svých protivnících v Italii, kamž se
vracel z Avignona napodzim 1376; s druhé strany
císař, když celá věc v Němcích byla dosažena a
odbyta, ustal konečně od skouposti své na slova,
jakých papež potřeboval. Dalť se Karel v září
1377 k tomu pohnouti, že listem k 6. březnu 1376
nazpět datovaným prosil papeže za přivolení, aby
za jeho života mohl syn jeho býti volen za krále;
celý tento ústupek Karlův záležel v tom, že za
živobytí předchůdce neměl by v Němcích býti
volen nástupce bez svolení papeže; toť právě byl
případ, o kterém Zlatá Bulla mlčí, a císař tedy
ustoupil papeži v tom, v čem mohl bez porušení
Zlaté Bully. Potom papež byl ochoten, potvrditi
Vácslava, ale na počátku r. 1378 neměl ještě
v rukou listin, kterých k tomu od Vácslava poža-
doval; a tak Řehoř XI. zemřel (27. bř. 1378),

neuznav Vácslava za krále Římského. Teprva rozkol potom propuklý přiměl oba papeže, aby se svým přivolením neotáleli. Vácslav měl potom nejlepší příležitost, aby dosáhl důstojenství císařského, ano od papežů Římských byl k tomu nejednou požádán a úsilně vybízen, aby přitáhl do Italie; že toho nikdy neučinil a koruny císařské nedosáhl, tím byla vinna jenom jeho povaha, ježto mu nedala dlouho setrvati na té dráze, na kterou otec jeho v záležitostech říšských nastoupil a kterou ku pohodlí svých nástupců všemožně urovnati hleděl.

Srovnáme-li počátek a závěrek německého panování Karla IV. v poměru jeho ku papeži, nemůžeme se ubrániti obdivu nad velikým pokrokem, jejž za ten čas učinila samostatnost trůnu německého naproti stolici papežské. Jak rychle a účinně tato byla svedena dolů s vrcholu své moci naproti říši! Trůn byl osazen, zjednáuo pevné pravidlo o budoucích volbách králů i o správě říše v mezikráloví, a to vše spůsobeno v Němcích samostatně, bez vůle dvora papežského, ano proti jeho chtění, a přece beze zjevné roztržky a bez veřejného boje! O spůsobu těchto vymožeností Karlových praví trefně německý posuzovatel: „Papežská politika našla zde svého mistra, který s nejoddanější tváří vyhýbal se tomu, aby se hádal o zásady, ale připouštěje tyto zdánlivě, přece vytvářel události docela dle svého uznání.“ [51]) A uvažuje vše, co pochvalného i hanlivého napsalo se o Karlovi IV., i srovnávaje to s jeho skutky a slovy, přicházím k úsudku velmi odchylnému od zobecnělého předsudku; míním totiž: Měl-li kdo příčinu stěžovati

[51] Lindner, K. Wenzel, p. 9.

si, že sklamal se v očekávání svém u Karla, byla
to hlavně a snad jedině stolice papežská při svých
světskopanovačných snahách.

Z důkladnějšího skoumání dějin říše Německé
vychází nyní vždy jasněji na jevo, že hlavní a nejtěžší
úkol panovníků německých ve století 14. i 15.
záležel v tom, aby hleděli přítrž činiti nepokojům
a záštím mezi členy říše; k tomu sloužily míry
zemské aneb spolky landfridní, jež se uzavíraly
v rozdrobených částkách říše již za císaře Ludvíka
Bavora, pak za celého panování Karla IV. i za Vác-
slava. Byla to práce nad pomyšlení krušná a neko-
nečná. Hlava říše neměla ani hmotných prostředků
ani práva, aby zabraňovala války mezi členy říše,
aneb aby byla svémocným rozsudím v rozepřích mezi
nimi; naopak každý člen měl právo svépomoci,
jehož mu nikdo upírati nesměl. Na základě téhož
práva tvořily se v některých krajinách spolky
měst říšských proti vyšším stavům, spolky drobné
šlechty proti městům i knížatům atd. Takovéto
zvláštní spolky byly ovšem málo spůsobilé k za-
chování pokoje, ale hodily se více k tomu, aby
po případě malá válka proměnila se ve větší.
Panovník musel tedy působiti k tomu, aby tyto
zvláštní spolky proměnily se v obecné zemské,
ve kterých by všichni stavové jedné krajiny slíbili
si zachovati pokoj a přestávati ve svých rozepřích
na zvolených rozsudích; při čemž z pravidla byla
největší závadou žárlivost jednoho stavu na pře-
vahu druhého v tom spolku. Při zřizování těchto
míru zemských byl však císař vždy toliko pro-
středníkem, přímluvcem, nikoli rozkazovatelem.
Také žádný spolek landfridní v tom věku uzavřený
nevztahoval se na celé Německo, ani nebyl smlu-
ven navždy, nýbrž pokaždé jen na několik málo

let, načež se opět rozcházel, anebo byl pracně
obnovován, prodlužován, rozšiřován a jinak měněn.
A při tom přece přes tu chvíli vznikaly války
brzy v té, brzy v jiné straně říše; nejpověstnější
byly ty, které během 14. století několikrát se
opakovaly mezi zvláštním spolkem Švýcarským a
vojvodami Rakouskými.

Karel hned po svém uznání v Němcích vše-
možně pracoval o obnovení nebo nové zřízení
spolků ladfridních, a ač se mu vše hned nezdařilo,
zřídil do své první Římské výpravy míry zemské
ve Frankách, ve Švábích, na středním i hořejším
Rýně s Elsassem, ve Wetteravě, v Lotrinkách,
u Baltu i při středním Labi. V témž směru půso-
bil neunavně i po dosažení koruny císařské po
všechen čas svého panování; tak že naposled
organisace mírů zemských prostírala se po celém
Německu, a Karel umíraje zůstavil říši v úplném
pokoji. Mohl-liž ten, jenž toho výsledku dosáhl,
býti otčimem říše, nejstarajícím se o ni? Potom
i Václav v prvních letech svých pokračoval hor-
livě v témž díle, ač potkával se s mnohým ne-
zdarem, až ho konečně ta sisyfovská práce věč-
ného slepovaní a záplatování omrzela.

Který byl poslední zámysl Karlův o říši Ně-
mecké? Historikové, kteří touto otázkou se za-
bývali, zakládali odpověd svou k ní vždy na roz-
važování toho, kterak horlivě Karel rozmnožoval
objem koruny České a nešetřil ničeho, aby syna
svého povýšil na trůn německý, t. j. aby koruna
německá zůstala i budoucně spojena s korunou
českou. Lindner míní, že „nemožno dáti docela
za nepravdu těm, kteří tvrdí, že královská koruna
německá byla Karlovi toliko prostředkem, aby
rozmnožoval své rodinné držebnosti.“ Podle toho

by stát Český byl Karlovi cílem, říše Německá jen prostředkem. Ale Lindner hned zase dává průchod myšlence, že Karel všechno to snad činil proto, aby královský rod v Němcích zmohutněl a mohl rázněji si počínati, i také vždy víc a více drobných držebností sobě podřizovati: „snad to byla cesta nejkratší, jakkoli daleká vypadala, na které mohl býti bezmezné rozdrobenosti učiněn konec."[52]) Touž myšlenku — že totiž Karel hodlal obnoviti jednotu říše a moc císařskou skupováním jednotlivých držav a spojováním jich s Čechami — vyslovil Palacký již dříve, a poznamenal k tomu: „což podařilo-li se, proměnilo celé Němce v monarchii Francii podobnou, ale ovšem potáhlo také vysilení a záhubu národnosti české za sebou."[53]) Podle toho výkladu by právě naopak byla říše Německá Karlovi cílem, a koruna Česká prostředkem.

Pravda leží tuším uprostřed mezi těmi opáčnými náhledy; ano mnohými skutky lze dokázati, že Karel užíval důstojenství císařského ku povznešení koruny České, a zase prostředky své moci české vzájemně vynakládal k dobrému říše Německé. Obě koruny, jež skvěly se na hlavě Karlově, česká i německá, byly mu účelem i prostředkem, spojení jich bylo oběma k užitku, a to spůsobem označeným ve přísloví: Ruka ruku myje.

Zastavme se při myšlence, vyslovené ze dvou různých stran, že by nejzazším úmyslem Karlovým bylo, aby moc císařská se obnovila na základě dědičných držebností lucemburských přivtělováním stále rozšiřovaných. Lze sobě představiti, kdyby

[52]) Lindner, K. Wenzel str. 14.
[53]) Palackého Dějiny II. 2. 197, 213.

po Karlovi bylo následovalo několik potomků jemu
rovných, že dědičný majetek rodu Lucemburského
mohl nabýti znenáhla takové přirozené převahy
v Němcích, až by ostatní knížata museli se pod-
říditi jeho moci a odříci se částky svých práv
ve prospěch vlády ústřední. Skutečně takovým
postupem, ač namnoze jinými prostředky docíleným,
obnovila se říše Německá za našich let pod ná-
čelnictvím Hohenzollerů. Zanášel-li se Karel
opravdu myšlenkou tak dalekosáhlou, měli by ze-
jména němečtí vlastenci uznati věhlas státnický,
který již ve 14. století uhodil na cestu, na které
o půl tisíce let později učiněn jest konec roz-
drobenosti a mdlobě národa Německého.

Prostředky, kterými Karel k tomuto cíli vůči-
hledě pospíchati se zdál, bývaly namnoze posu-
zovány nepříznivě; a však i tu nastala proměna
v novějším dějepisectví. Sama pouhá snaha po
přivtělování bývala Karlovi vykládána za hřích
lakoty, ačkoli zase ku př. získání Korutan a
Tyrolu vždy pokládá se vojvodám Rakouským za
zásluhu i za ctnost vlasteneckou. Naše doba při
posuzování takových skutků dělává rozdíl mezi
annexemi podle toho, přeje-li si jich obyvatelstvo
či nepřeje. S tohoto stanoviska novověkého, ve
středověku ovšem méně obvyklého, nelze proti
annexím Karlovým ničeho namítati, ano právě při
největších byl souhlas zástupců annektované země
na jeho straně. Zevrubnějším vyšetřením všech
případů vychází na jevo, že Karel nabýval nových
zemí nejvíce hotovým zaplacením, vedle toho
sňatky, obratným vyjednáváním, a nejméně nasilím.
Umlkají také výčitky, činěné někdy Karlovi v pří-
čině Waldemara Brandenburského; nyní již nikdo
po Buchnerovi neopakuje, že by byl Karel vyna-

šel a nastrčil Waldemara proti císařovici Ludví-
kovi; ano Klöden spisem čtyrsvazkovým dokazoval
před 40 lety, že onen Waldemar byl skutečně
přirozený dědic a pán země Brandenburské. Pravosť
neb falešnost Waldemara zůstává posud na sporu,
tak jakž byla od prvopočátku; pročež Huber, jenž
odporuje náhledu Klödenovu, slušně zbavuje Karla
všeliké výčitky v této příčině. Konečné pak zí-
skání Brandenburka r. 1373, jež mezi annexemi
Karlovými bývalo nejvíce tupeno, nazváno jest
nyní od Lindnera přímo „největším vrhem státni-
ckého umění Karlova." My na stanovisku českém,
kterým nejde o prospěch Brandenburka nebo Ně-
mecka, museli bychom této chvály uskrovniti. Po-
vážíme-li, že Karel za tu marku platil 500.000
zlatých čili dukátů, a že když jeho nezdárný syn
Sigmund postoupil ji r. 1415 Fridrichovi Hohen-
zollerskému, byla počítána ve 400.000 zlatých
uherských (ovšem nezaplacených), můžeme říci,
že ji Karel přeplatil, a to na mnoze penězi če-
skými, ač koruně České ze získání té země sotva
mohl kdy vzrůsti nějaký opravdový prospěch.

Z výčitek činěných někdy od Němců Karlovi
zbývá nyní jen jedna vážná. Císař na zaplacení
Brandenburka a ku provedení volby svého syna
za krále Německého ukládal říšským městům mi-
mořádné berně, a několik měst zastavil. Násled-
kem toho města švábská r. 1376 sestoupila se ve
spolek k uhájení svého postavení, čímž prý vznikl
rozpor mezi městy a knížaty, který skrze sto let
vadil svornému jich spolupůsobení k účelům říš-
ským.[54] Jest ovšem pravda, že byly od měst

[54] Tak míní Huber, Reg XXXII. — Jindy historikové
němečtí formulovali tu výčitku po Aeneáši Sylviovi
v ten rozum, že prý Karel ku podplacení kurfirstů

říšských vybírány mimořádné daně, a že několik
měst bylo zastaveno; ale spolek měst švábských
proti knížatům a tudy také rozpor mezi městy a
knížaty byl starší nežli panování Karlovo, za něho
teda nevznikl, leda snad že se trochu přiostřil.
Při posuzování té nehody dlužno míti na paměti
úmysly. Získání Brandenburka a volba Vácslava
na trůn německý byly dva úhelné kameny
ku předpokládané stavbě obnovené říše. Rozumí
se, že říše, skládající se z několika set polosvr-
chovaných států a státečků, nemohla se sjednotiti
bez poškození mnohých interessů. Prusko pro-
vedlo ten plán násilím hrozným a s těžkým zne-
pokojením svědomí valné částky Němců. Karel
šel za tím cílem téměř bez násilí, peníze vedle
diplomatické obratnosti byly mu hlavním prostřed-
kem; a poněvadž stálé řádné důchody císařské
z říše vynášely ročně asi celých 15.000 zl., jest
na jevě, že ty mimořádné náklady musely nějak
mimořádně býti opatřeny; i nesli je netoliko Němci,
ale i Čechové.

Že Karel při své popřední péči o dědičné
země nikterak nezanedbával říše Německé, to do-
kazuje se také zevnějšími okolnostmi, totiž tím,
kde se zdržoval, a které osoby nacházívaly se
při jeho dvoře a uvozují se v jeho listinách za
svědky. Neuplynul ovšem žádný rok, aby Karel
nepobyl některý čas v Čechách, ale naproti tomu
také každoročně, vyjma r. 1352, zajížděl z Čech
do Němec. Navštěvoval všechny končiny říše Ně-
mecké a skoro v každé krajině byl několikrát. Seve-

---

při volbě Vácslavově rozzastavil jim cla říšská, čímž
prý moc říše vzala za své; novější to již neopakují,
poněvadž se ukázalo, že cla byla zastavena již před
Karlem.

rovýchodními a západními krajinami Německa za-
městnával se více než snad kterýkoli jeho před-
chůdce. Od volby jeho na království Německé až
do jeho smrti uplynulo 31⅓ leta; z toho připadá
17 let na přebývání v zemích českých, anebo 18½
leta, počítáme-li od r. 1373 také Brandenburk ku
koruně České; na Čechy vypadá z toho 14⅓ leta,
na Moravu 8 měsíců, na Slezsko 16 měsíců, na
Hořejší Lužici 10 měsíců; v Praze samé bydlel
Karel za ten čas skoro 10 let. Ostatní čas, tedy
13 nebo 14 let, ztrávil na cestách za jednáním o
záležitostech říšských v Němcích, v Italii a v Are-
latě. Ve Frankách prodlel přes 4 leta, v samém
Normberce bydlel se dvorem svým 2 leta a 10
měsíců, tak že to říšské město mohlo za jeho
panování pokládati se vedle Prahy za druhou re-
sidenci. Úředníci dvorští byli skoro všichni ze
zemí českých, ale k úřadům říšským jen výjimkou
byl někdy dosazen některý Čech. Kancléři dvor-
skými, kteří za jeho panování byli společní říši
České i Římské, bývali z pravidla biskupové z ko-
runy České. Při dvoře císařově nacházeli se ovšem
nejvíce páni, manové, knížata a biskupové koruny
České, ale téměř rovněž tak často a hojně bisku-
pové, knížata a páni říše Německé; při čemž jest
pozoruhodno a svědčí o Karlově smiřlivosti a di-
plomatické obratnosti, že se shledávají mezi nimi
právě členové rodin proti němu s počátku nej-
příkřeji stávavších, Wittelsbachů a hrabat ze
Schwarzburka.[55])

Obracejíce se k činnosti Karlově v Čechách,
vytkneme nejprve ty věci, které se týkají celé
koruny. Kterak za živobytí Karlova přibyly ku

[55]) Všecky výpočty i vývody dle Hubera Reg. p. XXXII.

koruně České Chebsko, knížectví Slezská a obojí Lužice, bylo již na svém místě stručně dotčeno, podrobné pak toho doličovaní bez historické mapy bylo by málo užitečné. Pročež přestaneme zde na zákoneeh, kterými Karel statoprávný byt koruny České upravil.

Morava byla již od času Břetislava I. (1029)· stále spojena s Čechami; kníže nebo král Český od té doby byl vždy zároveň pánem Moravy, ač se stávalo často, že tu zemi buď celkem nebo po částkách uděloval členům svého rodu. Stará tato Morava byla větší než nynější markrabství Moravské; náležeť k ní největší díl nynějšího Opavska (vyjma kout od hory Praděda od města Cukmantlu na severozápad), a krom toho krajina nynějšího pruského Slezska, položená mezi řekou Opavou a čárou skoro přímou vedenou od Osoblahy k Bohumínu, vše tak jak podnes ukazuje rozhraní mezi diécezemi Olomouckou a Vratislavskou. První počátek k tomu zúžení Moravy učinil král Přemysl II., když okolo r. 1269 svého levobočka Mikuláše jmenoval vojvodou Opavským a vykázal mu tento díl Moravy k užívání; potomci jeho, tedy Přemyslovici z levého boku, panovali v Opavsku až do druhé polovice 15. století. Druhý krok v tom směru učinil Karel IV., který zákonem vydaným na valném sněmu v Praze 7. dubna 1348 ustanovil, že vojvodství Opavské, a krom toho též· biskupství Olomoucké se všemi statky svými, jsou vyňaty z moci markrabí Moravských, a všichni tři knížata, totiž biskup, markrabí i vojvoda, jsou přímo podřízeni králi Českému jakožto vrchnímu lennímu pánu svému, i mají země své přijímati v léno toliko od králův a od koruny království Českého a jim činiti náležitě přísahy věrnosti a

10*

poddanosti.[56]) V tomto spůsobu Karel potom dne
26. prosince 1349 udělil markrabství Moravské
svému bratrovi Janu Jindřichovi v dědičné léno.
Výminky, pod kterými se to stalo, byly obnoveny
zákonem vydaným na sněmě generálním dne 27.
září 1355; zejména bylo ustanoveno: 1. že mark-
rabě Moravský nesmí země své ani celkem ani po
částkách od koruny České odcizovati; 2. že po
vymření mužského potomstva Jana Jindřicha spadne
markrabství přímo na krále Českého; 3. že mark-
rabí může na statcích biskupa Olomouckého, ač
ten jest přímým manem krále Českého, vybírati
berně jako na statcích jiných pánův moravských;
4. že markrabí, tak jako jiní knížata čeští, jsa
volán, má docházeti ku korunování i k jiným dů-
ležitostem, které se týkají důstojenství a stavu
království Českého; a 5. kdyby král nebo mark-
rabí chtěl v něčem jednati proti tomuto zákonu,
stavové čeští a moravští nemají přivolovati ani
jich v tom poslouchati. Všichni účastníci generál-
ního sněmu stvrdili tento zákon přísahou.

Knížectví *Slezská* všechna dostala se v zá-
vazek manský ku koruně České přičiněním králů
Jana i Karla, kteří o tom s houževnatou vytrva-
lostí pracovali. Poněvadž Slezsko dříve náležívalo
k říši Polské, vymohl si Jan smluvou uzavřenou
r. 1335 s králem Polským Kazimírem, že tento
vzdal se všech práv ku knížectvím Slezským ve
prospěch koruny České, začež Jan odřekl se ti-
tulu krále Polského, jehož byl dotud po svém
tchánovi králi Vácslavovi II. užíval. Také již za

---

[56]) Pravý účel tohoto odlučování biskupství Olomouckého
a vojvodství Opavského od markrabství Moravského
naznačen jest dle pravděpodobného domyslu sde
str. 111.

panování králů Jana i Karla některá knížectví Slezská odumírala a spadala tudy dle práva manského přímo na krále, jenž je buď některému knížeti zase v léno udělil, anebo je dal spravovati skrze hejtmana k vlastní své ruce; tímto spůsobem dostalo se v přímé držení krále Vratislavsko (1335), Svídnicko (1369) a některé drobnější knížecí díly. Na vtělení Slezska ku koruně České vydal Karel listiny při týchže slavných sněmích Pražských dne 7. dubna 1348 a 9. října 1355; v jedné i v druhé potvrzují se všeliké smlouvy zjednané od Jana i Karla v příčině knížectví Slezských, tato pak sjednocují se svazkem manským s korunou Českou, tak aby knížata přijímali země své v léno toliko od králů Českých. Krom Vratislavska se Středou, Frankštejnem, Stenavou a polovicí Hlohova, což náleželo již přímo koruně, jmenují se tam knížectví Lehnické, Břežské, Minsterberské, Olešnické, Hlohovské, Zahaňské, Opolské, Falkenberské, Střelské, Těšínské, Bytomské, Stenavské a Osvětimské. Krom toho obě listiny vztahují se též na marku Budišínskou a Zhořeleckou čili na Hořejší Lužici, která byla získána přímo ku koruně. Dolejší Lužice byla vtělena ku koruně České císařskou listinou danou v Praze 1. srpna 1370, kdež také jest ustanoveno, že odvolání od tamějších soudů nesmí jíti nikam jinam než ku komoře krále Českého.

Toť jsou hlavní zákony, kterými Karel hleděl zabezpečiti celitost koruny České čili nedílnost a trvalost státu Českého v tom rozsahu, v jaký vzrostl přičiněním Janovým a jeho vlastním. Jiných listin, kterými opatrný Karel opatřoval sobě k tomu uznání a potvrzení jiných osob, mohl by se uvésti veliký počet; jsou však méně důležité.

Historický účinek péče Karlovy o celitost koruny České byl znamenitý; právní spojitost Moravy, Slez a Lužic s Čechami přestála během věků mnohou těžkou zkoušku, až konečně nešťastné války, jejichž chod právem se nespravuje, odsekaly od koruny některé údy; ztratilať ve válce třicítileté obojí Lužici (1635), a válkami slezskými skoro celé Slezy a Kladsko (1740—1763).

Velikou zásluhu zjednal si Karel o vlasť tím, že moci své, která mu náležela jakožto králi a císaři Římskému, použil k tomu, aby výhodně a trvale upravil *právní poměr koruny České k říši Německé.* O tu věc již od šedé dávnověkosti vždy po čase propukaly boje mezi Čechy a Němci, které se strany německé vždy směřovaly k tomu, aby stát Český byl na roveň postaven s vojvodstvími německými a možno-li také tak rozkouskován; čímž by i národnost česká byla musela zabynouti, tak jak vyhynulo Slovanstvo od Čech na sever až k moři Baltickému.

Hned na proslulém sněmě 7. dubna 1348 vydal Karel jakožto král Římský několikero důležitých listin o statoprávném poměru Čech k říši. Tu předně potvrdil pod zlatou bullou (pečetí) veliké privilegium císaře Fridricha II. ze dne 26. září 1212, kterým stanoví se znamenitá samostatnost království Českého naproti říši Německé; dle toho privilegia neměly Čechy jiné povinnosti k říši, než že král Český měl se dávati potvrzovati od panovníka Německého, a jel-li tento ku korunování do Říma, měl mu poslati 300 oděnců ku průvodu anebo místo toho dáti 300 hřiven stříbra. Dále Karel potvrdil dva listy krále Rudolfa dané králi Vácslavovi II. 4. března 1289 a 26. září 1290 na to, že králům Českým náleží v říši Německé úřad číšnický a spojené s ním právo volenecké. Sedmi jinými listy potvrdil tolikéž na ten čas méně důležitých privilegií starších králův a císařů Římských, kterými králové Čeští buď potvrzují se k trůnu, anebo udělují se jim rozličné statky a krajiny říše Německé v léno neb v zástavu.

Více než obsah těchto sedmi listin jest pozoruhodno to, co mezi nimi se nenachází. Nepotvrdilť Karel ani jediné takové listiny, kterými by Čechy a Morava dávaly se v léno, anebo kterými by králům Českým ukládala se nová břemena na odpor slavnému privilegiu Fridrichovu z r. 1212; ač i takové starší listiny byly na snadě, zejména ty, kterými Čechy a Morava byly uděleny v léno r. 1276 od krále Rudolfa Přemyslovi II. a roku 1307 od krále Albrechta Rudolfovi a jeho rakouským bratřím. Z nepotvrzení těchto listin jest viděti, že Karel hleděl ustáliti jakožto zevnější státní právo české toliko to, co zakládalo se na smlouvách obapolných a nevynucených, a co prospívalo samostatnosti a moci království tohoto. Ten úmysl vyslovil Karel zjevně v jiném listě, daném též 7. dubna 1348, kterým všeobecně obnovuje všecka privilegia království Českého jakožto prý ušlechtilejšího člena říše Římské, s tím podstatným dodatkem, že je mocí královskou Římskou vykládá a vysvětluje ve prospěch království Českého, pokud by byla nejasná a pochybná, a že ruší a ničí vše, co by v zákonech, obyčejích nebo skutcích bylo na odpor tomuto potvrzení a vysvětlení. Tím byly právně odčiněny všecky ty násilné skutky panovníků Německých, kterými chtělo se nakládati s královstvím Českým jako s lénem říše.

Také ve Zlaté Bulle, vydané v říši Německé

r. 1356, císař Karel byl pamětliv svého království
a vpravil do ní mnohá vzácná ustanovení, kte-
rými svrchovanost a nezávislost koruny České
došla v Němcích uznání. Ku poctivosti tohoto
království bylo králi Českému vykázáno čtvrté
místo mezi kurfirsty, hned po duchovních, kdežto
dotud býval na místě sedmém a posledním. O svět-
ských kurfirststvích stanoví Zlatá Bulla, že jsou
dědičná podle řádu prvorozenstva, a když by rod
kurfirstský vymřel, že císař neb král Římský na-
loží s tím knížectvím jako s věcí spadlou na
něho a na říši; ale činí se výminka v příčině
království Českého, kterému výslovně vyhražují
se stará práva a privilegia, dle nichž v případě
uprázdnění trůnu stavové čeští volí krále. Dle
toho království České nikdy nemohlo spadnouti
na říši, a císař nikdy ho nemohl udělovati v léno,
tak jakž platilo za právo v knížectvích německých.
— Zlatá Bulla rozšířila privilegium de non evo-
cando na všechna kurfirstství, t. j. z nich neměl
nikdo býti volán k jinému soudu, leč když by někomu
spravedlnost byla odepřena domácím soudem, tu
mohl se odvolati k soudu císařskému. Ale koruně
České bylo přiznáno privilegium de non appell-
lando, t. j. i odvolání od královských soudů
českých k soudům říšským bylo doprosta zaká-
záno, a kdo by se odvolal, ten měl tím samým
ztratiti svou při. — Svrchovanost státu Českého
uznána i tím, že potvrzeno jest staré právo králů
Českých k ražení mince zlaté i stříbrné; jako však
mnohé jiné výsady české byly Zlatou Bullou vzta-
ženy na všechny kurfirsty, tak i tato.
    Král Český stál ovšem také v poměru man-
ském k císaři, ale nikoli za Čechy a Moravu,
kteréž nebyly lény říšskými, nýbrž za úřad číšnický

a volenecký a za statky a krajiny, jichž nabyli
v Němcích. Dle listu Karlova z dne 15. května
1366 králové Čeští nepřijímali od císařů v léno
Čechy, nýbrž přijímali „to, co koruna a království
České od říše Římské v léno má." Knížatům slezským a moravským nebylo s říší nic činiti, než
toliko s korunou Českou; to ustanoveno jest ve
všech přivtělovacích zákonech slovy, že ti knížata
mají přijímati země své v léno *toliko* od králů
Českých. O Moravě ustanovil Karel také ještě
zvlášť listem dne 19. května 1366, „že markrabové Moravští nejsou nijak ničím povinni říši a
kurfirstům, a že k nikomu nemají zření míti nežli
jedině ku králi Českému jakožto ke svému pánu
lennímu.

Co se týče *práva nastupování na trůn Český*,
i tu Karel snažil se dosavadní nedosti určitý řád
náležitě upraviti pevnými a jasnými zákony. Bylo
již dotčeno, že sněm 11. června 1341 přiřekl nástupnictví po Janovi markrabí Karlovi jakožto
prvorozenému synu jeho, i také Karlovým dědicům
po meči. Potom zákonem z dne 27. září 1355
byla dědičnost trůnu rozšířena i na císařova bratra,
markrabí Jana Jindřicha, i jeho mužské potomstvo.
Dle dědických smluv s Rakousy, ku kterým stavové r. 1366 svolili, měla pak dále po Lucemburcích děditi dynastie Habsburská. Avšak Karel
zjednal také všeobecné ustanovení na ten případ,
když by kterákoli dynastie v Čechách vymřela a
trůn se uprázdnil. Učinil tak 7. dubna 1348 při
potvrzování privilegia Fridrichova z r. 1212, kteréž
uznává, že Čechové mají právo voliti sobě krále;
Karel dodal k tomu dvoje pravidlo, *kdy* a *od koho*
má král volen býti; a sice 1. král má býti volen
toliko tehdáž, když by nebylo manželského po

tomka ani mužského ani ženského z královského rodu českého; a 2. právo voliti krále náleží prelátům, knížatům, šlechtě a veškeré obci království Českého a příslušných k němu zemí, tedy zástupcům veškeré koruny České. — Kdyby stavové čeští v potomních dobách byli se spravovali věrně tímto slušným zákonem a nevylučovali ostatních zemí od účastenství ve volení krále, mohlo od koruny České býti odvráceno mnohé neštěstí.

Souhrnem zákonův dotud dotčených, vztahujících se ku právu veřejnému, utvořil Karel hlavní pravoplatný základ, na kterém stát Český od té doby stál a trval. Jiný důležitý zákonodárský podnik Karlův byl pokus k vydání nového zákonníka v království Českém. Již králové Přemysl II. r. 1272 a Vácslav II. r. 1294 pokoušeli se o to, aby království svému opatřili psaný zákonník; ale pro odpor šlechty museli oba od toho upustiti. Karel opět uchopil se myšlenky svého děda a praděda, maje při tom hlavně dvojí účel na zřeteli: předně aby moc královskou v Čechách upevnil ohradami proti rozptylování statků královských, na kterých po přednosti spočívalo; a pak aby právní pravidla v zemi již platná opatřil lepší stálostí a bezpečností. Soud zemský totiž, ač celkem spravoval se obyčejem a staršími nálezy v deskách zapsanými, nebyl přece nevyhnutelně k tomu vázán, nýbrž činíval i nálezy nové, nesrovnalé se starými, a vynášíval tudy o podobných případech rozsudky rozdílné; z čehož pocházela nejistota práva, která působila pohoršení.

Z těchto pohnutek Karel, jak se zdá, již před r. 1346 dal spisovati a snad namnoze i sám sepsal zákonník, nazvaný *Majestas Carolina*. Pojal do něho předně mnohé staré zákony a zvyklost skutečně platné a zachovávané, vedle toho však vložil do něho také zákony nové, jejichž uvedení v platnost vidělo se mu býti prospěšné; některé z těchto novotin jsou snad vzaty a vypsány z návrhu zákonníka krále Vácslava II. Majestas Carolina obsahuje předpisy velmi různé, které dle novověkého názvosloví náležejí dílem do ústavy zemské, dílem do zákonníka občanského a trestního i do řádu soudního, dílem k zákonům policejním. Celý návrh byl již za prvních let kralování Karlova předložen sněmu českému, nejspíš r. 1348; ale na sněmu Svatovácslavském r. 1355 jednalo se o něm opětovně. Někteří pánové dali k němu již své svolení a přivěsili pečetě, avšak v plném sněmu potkal se nový zákonník s rozhodným odporem.

Některých příčin, které budily nechuť k tomuto zákonodárskému podniku, můžeme se domysliti, srovnáme-li obsah Majestátu Karlova se známými odjinud náhledy a snahami tehdejší šlechty české. Zákonodárcovi proklouzla na jednom místě absolutistická zásada právníků římsko-císařských, že prý moc královská není vázána zákonem (77); [57]) kterýžto poklesek proti platné ústavě české mohl se arciť snadno vyvrhnouti, neboť v zákoně neodvozuje se z něho žádný důsledek.

Obtížnější bylo by bývalo dohodnouti se o odúmrtě čili o statky spadající na komoru královskou. Dle korunovacích diplomů krále Jana i Karla měl svobodný statek spadnouti na krále jen tehdáž, když by obyvatel žemřel bez pořízení a nebylo by po něm příbuzných do čtvrtého ko-

---

[57]) Cituji rubriky čili kapitoly Majestátu Karlova dle vydání Palackého v Archivě Českém, díl III.

lena; naproti tomu Majestas Carolina předpisuje
(59 sll.), že na komoru spadají statky každého
takového obyvatele, který by zemřel bez vlastních
dětí a který by za živa buď s povolením krá-
lovským anebo na plném soudě zemském byl ma-
jetek svůj jinému neodkázal.

Dále hleděl Karel co největšími zárukami
opatřiti korunu proti odcizování statků královských,
kteréž za pa ování otce jeho vedlo ku koncům
tak smutným. Majestas Carolina šíří se o této zá-
ležitosti slovy co nejurčitějšími, a vypočítává krá-
lovské hrady a města koruny České, které nikdy
a pod nižádnou záminkou nemají býti prodávány
ani zastavovány ani jinak odcizovány, tak sice,
že kdo by si jich od krále přece vyprošoval, ten
má beze všeho soudu všechny statky své i čest
a hrdlo propadnouti jakožto velezrádce a zjevný
království Českého škůdce (6). Takových měst
uvádí se v Čechách, Slezích a v Hořejší Lužici
28, a hraduv 16. (O Moravě Majestas Carolina
mlčí, bylať určena mladšímu bratrovi Karlovu.)
Zase jiných hradů 14 a měst 13 se jmenuje, jež
král může za jiné vyměňovati nebo i zastavovati,
avšak ne déle než na deset let. Považíme-li, že
nejmohutnějším hybadlem panstva českého skrze
uplynulých sto let byla snaha, aby statky krá-
lovské rozchvátilo, kteréhož cíle za panování Ja-
nova již tak dosáhlo: pochopíme snadno, že ta-
kovéto ohrady a závory proti odcizování statků
od komory musely panstvu býti velice proti mysli,
ač s touto sobeckou námitkou proti zákonníku
Karlovu sotva veřejně se vytasilo.

Zjevný odpor vzpíral se nejspíš proti samé
existenci psaného zákonníka vůbec. Libovůle ve
vynášení rozsudků, kterou Karel chtěl obmeziti,

pokládána byla za vzácné právo soudu zemského, kterého se panstvo vzdáti nechtělo; to vyznal o 50 let později pan Ondřej z Dubé ve Výkladu na práva země České, řka, že svoboda pánův na soudě zemském to v sobě obsahuje, aby psaných práv neměli; rovněž tak učil ještě později pan Ctibor Tovačovský z Cimburka o panském soudě moravském.

Následkem odporu panského císař Karel vzal předlohu svého zákonníka zpět a odvolal jej i se svým bratrem Janem dne 6. října 1355. V odvolávacím listě praví, že to dosud záviselo na svobodné libosti jeho i knížat a pánův, chtějí-li ty zákony schváliti a v moc uvésti; čímž jasně jest vysloveno zákonodárné právo sněmu, které ostatně dle staré zvyklosti i dle korunovacích diplomů rozumělo se samo sebou.

Karlovi teda, tak jako dvěma předkům jeho, zmařil se úmysl, aby opatřil království České psaným zákonníkem. Však nicméně některé kusy navrhované v Majestátě Karlově nabyly přece platnosti, jsouce schváleny a za zákon vyhlášeny dílem na témž sněmě r. 1355, dílem již dříve nebo později; a všechny tyto uskutečněné opravy, o kterých máme vědomost, hlásají Karlovu zákonodárskou moudrost a snahu po obecném dobru.

Takž návrh zákona obsažený v 28. rubrice Majestátu Karlova, že amnestie vztahuje se toliko k trestu na hrdle a na statcích, ale cti nemůže navrátiti, přijat byl snešením sněmovním r. 1355, jakž o tom pověděno již na str. 78. Zákon ten směřoval hlavně k zastrašení loupeživých rytířů. Za týmž účelem, totiž k uvedení bezpečnosti do země, učiněno již na jarním sněmu 1348 nařízení, potvrzené přísahou pánů i vládyk českých i moravských, kterak obyvatelé mají býti popravcům nápomocni při stíhání škůdců zemských.[58])

V Majestátě hleděl Karel obmeziti moc a zvůli šlechty naproti *poddaným*; přísně zapovídal pánům a vládykám, aby netrestali poddaných zohavením těla, hrdelní pravomocnost chtěl vyhraditi sobě, tedy soudům vyšším (84 sll.), a zabezpečoval poddaným právo, aby mohli se vyprodati a na jiné panství přestěhovati (77). Na sněmu 1355 dosáhl toho Karel jinačím spůsobem, aby poddaní požívali zákonité ochrany proti libovůli vrchností svých; bylť vydán zákon, který poddaným zaručuje právo, poháněti pány a vládyky na soud zemský, jemuž uloženo, aby rozepře takové rozsuzoval po spravedlnosti. Takového zákona bylo tehdáž potřebí, neboť šlechta počínala se již zpěčovati, když měla odpovídati k žalobám poddaných svých na soudě zemském. Karel zasedal často osobně na soudě zemském a přihlížel k tomu, aby soudcové zemští, jsouce sami stavu panského, nestranili šlechtě proti poddaným, nýbrž aby spravedlnost se dála rovně chudým jako bohatým. Také držíval zvláštní osobní soud veřejně ve vratech paláce svého na hradě Pražském, kamž se k němu utíkali ubozí, zvláště poddaní a vdovy, kterým jinde nebylo snadno dovolati se spravedlnosti.[59])

Zápověď *ordalií*, vyslovená v Majestátě Kar-

---

[58])Huber, Regesta Nro. 674. — Tehdejší popravcové po krajích podobali se pozdějším hejtmanům krajským; viz H. Jirečka Základy zemského zřízení za Karla IV. str. 167.

[59]) Beneš z Weitmile 367, 419. Pauperes na obojím místě znamená poddané z vesnic i městeček. Dokladův zřejmých, že toho slova užívalo se v tom určitém smyslu, jest dostatek.

lově rubr. 39, nabyla zákonné platnosti, jak se podobá, již před r. 1355, hned v prvních letech kralování Karlova. Až do těch časů bylo v soudnictví českém dovoleno, dáti některé rozepře rozsouditi Bohu, který dle středověké pověry musel zakročiti ve prospěch nevinného. Tyto soudy boží, ordálie neb očisty, děly se pod dozorem duchovenstva. Původ čili žalobce musíval broditi se vodou, pohnaný šel tři kroky za ním; utonul-li který, vyhrála strana druhá; přešli-li oba, byl pohnaný prost viny. Jiný spůsob byl ten, že obviněný měl kráčeti na rozžhavených radlicích, nebo rozpálené železo vzíti do rukou, nebo přísahaje vydržeti dva prsty na žhoucím železe. Král Karel a arcibiskup Arnošt zapověděli tyto očisty, a spojeným úsilím skutečně je odstranili navždy; dle svědectví pana Ondřeje z Dubé stalo se to s radou pánův a zemanův, avšak s odporem a nelibostí panstva, jakž zase ujišťují spisovatelé duchovní. Obojí ta zpráva dá se srovnati tak, že svolení sněmovní bylo vymoženo dosti těžce; skutek sám však jest úplně zjištěn.[60]

Karel v Majestátě (32, 59) nařizoval, že nikdo bez zvláštního svolení královského nemá darovati nebo odkazovati statků svých osobám nebo ústavům duchovním; ačkoli pak Majestát byl odvolán, předpis tento měl již r. 1352 platnost zákona a podržel ji i potom.[61] Příčina toho nařízení byla

---

[60] Archiv Český II. 487. — Beneš 378. — Vilém ap. Höfler II. 7. — K. Jireček, Slov. právo II. 233; Čas. č. Mus. 1861, 236. — Pelzelova rozprava v Mittheilungen f. Gesch. d. Deutschen in Böhmen 1867 p. 69 spočívá s polovici na libovolných premissách, a Friedjung (K. Karel IV. 95) se unáhlil, obraceje se na tom sypkém základě proti Jirečkovi.

[61] Tomek, Děj. Prahy III. 285.

ta, že církev v Čechách za oněch časů byla již
opatřena pozemskými statky hojně až nad potřebu,
tak že z přílišného bohatství mnohých beneficiatů
pocházela újma kázně i bohoslužby samé; krom
toho ten zákon, obmezující poněkud vzrůstání
majetku mrtvé ruky, měl také účel fiskálný.

K odstranění veliké nešvary v soudnictví
českém vymohl Karel později roku 1368 svolení
sněmovní, kterým üstanovila se krátká formule
přísahy na soudě zemském. Do té doby musel
obviněný opakovati ve přísaze z paměti celou ža-
lobu, kterou byl třikrát slyšel, a zmýlil-li se v je-
diném slově, byl to zmatek, kterým ztrácel při
svou; aby se to snáze stalo, žalobcové dělávali
žalobu schválně dlouhou.

Moravu spravoval Karel toliko ve mladších
letech, ale i tam zanechal po sobě znamenitou
památku. Již jakožto markrabí nařídil se svolením
panstva, aby desky zemské obnovily se tam a lépe
se zřídily dle vzoru českého. To vešlo ve skutek
r. 1348, kdež počaly se psáti desky Olomoucké
i Brněnské. Řád při deskách moravských prve na-
řízený byl potom ještě 9. února 1359 potvrzen
od císaře Karla jakožto krále Českého. Desky mo-
ravské vedly se i zachovaly se od r. 1348 nepře-
tržitě, a starší část jich jest i tiskem vydána. —

Království České povzneslo se za vlády Karlovy
netoliko v ohledu na moc politickou a blahobyt
hmotný, ale jmenovitě také v ohledu na vzdělanost.
Učenost scholastická a všeliká věda, ku které
středověk dospěl, pěstována v universitě Pražské
tak jako v západní Evropě v tamějších hlavních
středištích vzdělanosti; dálo se to ovšem vesměs
jazykem latinským, jenž v učeném světě zachovával
sobě ještě platnost téměř výhradnou. Avšak i o vzdě-

lání ostatního lidu pečovaly četné školy farské, klášterské a kapitulní, a v jazyku národním čím dále tím hojněji psány a čítány byly knihy jednající o věcech náboženských, právnických, historických a brzy již také o filosofických. Avšak zevrubné dolíčení těchto pokroků, mělo-li by býti s užitkem, vyžadovalo by mnohem více místa, nežli se srovnává s rozvrhem tohoto spisku.

Výtvarná umění nepěstovala se v Čechách v žádné době ani dřívější ani pozdější tak rozsáhlou měrou, jako za Karla. Krom slavných podniků, na něž důchody vykázány byly z komory královské, vzniklo v tom věku i mnoho jiných nádherných staveb, jež podnikali preláti, páni a obce městské; tak stalo se, že dle svědectví Aeneáše Sylvia sotva která druhá země v Evropě mohla se honositi tak četnými a krásnými chrámy, jako království České před válkou husitskou. Mezi výtvarnými uměními nejvyššího stupně dokonalosti dosáhlo stavitelství ve slohu francouzském, jejž nyní gothickým jmenujeme; tomu ve 14. století kvetl u nás zlatý věk. Nádherné stavby ozdobovány byly řezbami a malbami, ale umělecké tyto výtvary nevždy mohou se pokládati za vzor krásy; sochařům i malířům tehdejším, ač jednotlivé částky prováděli sličně a tytýž dokonale, schází váv šetření přirozených proporcí, a malířům krom toho známost pravidel perspektivy. Naproti tomu tehdejší architektura náleží k nejkrásnějším vůbec, a výtvary její i nyní slouží za vzor rovněž tak jako stavby antické, romanské a renaissanční.

Karel přál každému druhu umění, všem směrům a školám. Pod jeho ochranou pěstováno velebné stavitelství, sochy vytesávány z kamene, vyřezávány ze dřeva, i lity z kovu (jezdecká socha sv. Jiří na třetím nádvoří hradu Pražského jest nejvzácnějším pozůstatkem tehdejšího kovolitectví); malby prováděny na obmítce, na deskách, na skle i na pergameně; také ukázku řecké mosaiky chtěl Karel míti v Praze, a dal jí ozdobiti poboční portál kostela Svatovítského. Umělce bral odevšad, kde je nalezl, z Francie, z Němec, z Čech i z Italie. V jeho službě pracovali malíři Italian Tomáš z Mutiny čili z Modeny, Němec Mikuláš Wurmser ze Štrasburka, a mistr Dětřich, nevědomo zdali Čech či Němec. Krom těch známe sice dle jména značný počet malířů, ale nevíme co malovali, jakož zase u většiny uměleckých děl není známo, od kterých mistrů pocházejí. Ačkoli pak při mnohých zdejších malbách znamená se vliv cizí, přec zase u většiny jest patrna jistá zvláštní manýra, kterou historikové umění chtěj nechtěj musejí přičítati zvláštní škole české. Při počátcích kralování Karlova r. 1348 zřízeno jest v Praze již také bratrstvo malířské, ve kterém krom malířů byla zastoupena také jiná spřízněná umění a řemesla.

Přehledneme nyní slavnější stavby založení Karlova.

Hned po svém návratu do vlasti r. 1333 póčal Karel stavěti nový *palác královský* na hradě Pražském, v čemž i otec jeho r. 1335 pokračoval. Stál v nynějším třetím náhradí v pravo od kostela Svatovítského a až ku kapli Všech Svatých. Od vrstevníků chválí se to dílo velice; ale nynější díl zámku v těch místech pochází od krále Vladislava II. a dílem z dob ještě pozdějších.

Nejnádhernější stavba, kterou Karel oslavil své království, jest *chrám Svatovítský*. Od r. 1344 stavělo se o něm za celé panování Karla IV. i

Vácslava IV., a přece zůstal nedokonaný. Půdorys měl míti podobu kříže. Nejprve stavěl se chor, (který dosud stojí), o pěti lodích, z nichž dvě krajní rozděleny jsou v kaple. R. 1365 vysvěcen byl hlavní oltář, ale chór byl té doby vystaven jen do výšky triforia anebo pobočných nižších lodí. V těch letech stavěla se již také příčná loď, ze které nyní zbývá jen částka na pravé straně se zazděným portálem a s mosaikou nad ním. R. 1367 dostavena byla přeskvostná kaple sv. Vácslava, a téhož roku byla příčná loď dokonána až do výšky triforia. Císař dal r. 1373 přenésti do nového kostela těla českých knížat, králů a biskupů Pražských, která dotud odpočívala v starém kostele, jejž počali bořiti. Teprva r. 1385 dokončena byla klenba vysoké lodě hlavní a příčné. Král Vácslav položil r. 1392 základní kámen ke stavbě dlouhé částky kostela, t. j. čtvrtého ramene kříže, rovněž o pěti lodích, ze kterého nyní nepozůstávají než základy, na kterých se dílem nyní znova staví; věž byla založena ještě o několik let později. — Stavbu řídil technicky nejprve Francouz Matěj z Arrasa, jenž při ní zemřel r. 1352; něco později byl k tomu povolán Petr řečený Parléř ze Gmündu ve Švábích; ten setrval při té stavbě přes 40 let, a s rodinou svou mezi Čechy úplně zdomácněl.

Současně s kostelem svatovítským stavěl se malý ale nádherný kostel aneb kaple *Všech Svatých* ve hradě Pražském. Petr Parléř dokonál r. 1386 kůr jeho, se kterého pozdější věkové všechnú nádheru setřeli.

Stavba proslulého *kamenného mostu* přes Vltavu v Praze protáhovala se skoro jako dílo u sv. Víta, a není ani poznamenáno, kdy most byl dokončeu. Založen byl r. 1357, ale ještě po desíti letech jezdilo se po prozatímném dřevěném mostě, jejž voda r. 1367 odnesla a také jeden pilíř nového mostu pobořila. R. 1406 jezdilo se již po novém mostě, ale ještě se o něm pracovalo. Stavbu řídil po nejdelší čas Petr Parléř, od něhož pochází také vysoký krásný kůr kostela Kolínského.

Nové Město Pražské bylo za panování Karlova bez mála celé zastavěno a téměř dokonáno. Karel sám vystavěl v letech 1348-50 zeď městskou (jako později 1360-3 zeď Hladovou), a založil na Novém Městě značný počet krásných budov kostelních.

Kostel *Matky Boží Sněžné*, tehdáž karmelitánský, nyní františkánský, založen nejprve 1347 prozatím ze dřeva, potom pak staven nynější kostel; ale do války husitské dostaven jen vysoký kůr, který dosud stojí, a krásná vysoká věž; ostatek zůstal nedostaven a zmizel i s věží.

Nádherný někdy kostel a klášter *Slovanský*, počatý r. 1348, dostaven byl r. 1372, kteréhož roku byl vysvěcen v pondělí velikonoční; od evangelia toho dne dostal později název Emaus.

Kostel *sv. Karla*, s podivuhodnou gothickou kopulí, (kteréž podobné, ale menší, známy jsou jen dvě v Evropě), založen od krále Karla r. 1350 spolu s klášterem řeholních kanovníků sv. Augustina. Okolní část města slula pak Karlovem. Tam postaven také kostel *sv. Apollináře*, k němuž Karel r. 1368 převedl starou kapitulu ze Sadské. Na památku vítězství obdrženého u hradu San Felice na den sv. Kateřiny r. 1332 založil Karel r. 1355 kostel *sv. Kateřiny* s klášterem jeptišek řádu poustevničího sv. Augustina, který byl vysvěcen r. 1367. O stavitelích těchto tří kostelů není nic povědomo leč pověsti, které si vypravuje lid.

Pod Karlovem u Botíče při starší kapli Panny Marie založen r. 1360 od císaře klášter Servitů.

Po první výpravě Římské r. 1355 Karel založil kostel a klášter *sv. Ambrože* pro benediktiny s liturgií Milanskou. Stál na Novém Městě v místě nynější hlavní celnice; r. 1631 byli tam uvedeni Františkáni z Hibernie čili Irska. Také kostel *sv. Jindřicha* vystavěn byl v prvních letech kralování Karlova, a do toho věku náleží i nynější stavba kostela sv. Štěpána.

Mimo města Pražská nejslavnější stavba Karlova jest *Karlštejn*, založený r. 1348 pod řízením Matěje z Arrasa, a dostavený z hruba r. 1357. Tamější kaple sv. Kříže, vyložená polovičnými drahými kameny jako kaple Svatováclavská v kostele Svatovítském, vysvěcena byla r. 1365.

Krom toho Karel vystavěl značný počet hradů (ku př. Karlík, Potštejn, Karlshaus), klášterů (ku př. v Tachově, na Mojvíně) a kostelů v rozličných stranách Čech. —

Karel IV. netoliko napravil, co otec jeho pokazil, on nejen zhojil království České od předešlého vrchovatého úpadku, ale on je i povznesl k takové politické moci a slávě a zvelebil v něm blahobyt hmotný a duševní do té míry, z jaké netěšila se vlasť naše nikdy před tím ani potom; tak sice, že panování Karlovo a následujících potom prvních 15 let kralování Vácslavova, ve kterých vše pohybovalo se v kolejích od Karla upravených, mohou slušně pokládati se za nejšťastnější dobu v dějinách českých. Ani potomní nezdárnost a ošemetnost synů i bratrovců, ani lítice války domácí nestačily tolik zkaziti a zbořiti, kolik Karel napravil a vystavěl. Čech ještě dosud téměř všude shledává stopy a památky otcovské péče tohoto krále, ačkoli půltisíciletá doba, ve které osud opětovně nad námi vyprázdnil nádobu nepřízně své, vyhladila a zmařila většinu jich, a to bez rozdílu, nechť podstata jejich byl tvrdý kámen nebo posvátný zákon a právo. Zvláště Praha, kterou Karel povznesl za město první třídy v Evropě, děkuje jemu za největší díl toho všeho, co krásného a vzácného v sobě chová.

Co Karel učinil pro království České, tím si zjednal slávu a vděčnou paměť, která nezahyne, dokud národa Českého nejdéle stávati bude. Nejkrásněji jeví se tento vděk v čestném názvu Otce Vlasti, jejž Čechové Karlovi již po několik set let dávati uvykli. Nebyloť před ním ani po něm druhého krále Českého, který by zásluhami o toto království vyrovnal se Karlovi.

Z toho, co dosud vypravováno o životě a činech Karlových, vysvítá zajisté obraz povahy ušlechtilé a blahodějné; však nicméně k vyznačení některých rysů jejích potřebí jest soustřediti doklady četné, kterých jsme dosud nepoužili.

O panovnické povaze jeho vůbec budiž především dotčeno, co následuje ze všech skutků, že politické cíle jeho, i prostředky, kterých užíval k dosažení jich, srovnávaly se celkem s potřebami a s prospěchy poddaných jeho. Horlivost o dobré obecné stála při něm v souladu se střízlivým názorem o světě. Nikdy v dospělém mužném věku nehonil se za účely dobrodružnými a nepraktickými, ale ovšem při předevzetích svých uměl ceniti netoliko užitek hmotný, nýbrž i prospěchy mravní. Při volbě prostředků byl opatrný, a v domahání se cílů svých vyznamenával se vůli houževnatou a pružnou, která nelekala se překážek, a nemohla-li jich přemoci, obcházela je. Taktiky užíval rozdílné, zde té, onde jiné, jak kdy okolnosti vyžadovaly. Uměl využitkovati ve svůj prospěch všech vhodných příležitostí, i také slabých stránek svých sousedů; ale zjevná křivda a bezprávné násilí nikde nemůže se mu vytýkati. Jako v říši nesahal na nepochybná nabytá práva papežů a knížat, tak i v Čechách svědomitě šetřil spravedlivých svobod stavovských; avšak při tom také nepoddajnou rukou uměl provozovati svá práva, tam císařská, zde královská. Panstvo české, jehož hrabivost a zpupnost všem Karlovým předchůdcům ode sta let dělala tolik nesnází, skrotlo za jeho panování až ku podivu; ctihodný Tomáš Štítný vytýká panstvu té doby až přílišnou povolnost při svolování berní na skupování cizích zemí.

Povšimnutí zasluhuje podobnost, která se shledává co do panovnické povahy mezi Karlem a jeho dědem králem Vácslavem II. Na velikou nábožnost jich obou nelze sice při tom srovnání klásti veliké váhy, poněvadž ta vlastnost, aspoň do jisté menší míry, nachází se u panovníků středověkých skoro tak často jako její nedostatek, a nebyla tedy za oněch časů neobyčejná. Ale hlavní podoba záleží v tom, že Vácslav II. i Karel IV. vyznamenávali se po přednosti povahou vyjednávací, a ve snahách svých po rozšíření moci dodělávali se velikých úspěchů hlavně prostředky diplomatickými, v jichž užívání oba byli mistry; jako Vácslav II. vždy, tak i Karel IV. aspoň po 30. roce věku svého sáhal ke zbrani pouze v nejzazší potřebě, a oba dávali přednost pokoji, zvelebení země a blahobytu poddaných svých před leskem činů válečných. Tento rys povahy jest u panovníků nadaných velikým duchem skutečně řídký a vzácný; ba svět uvykl nazývati Velikými jen ty mocnáře, kteří vynikali opakem toho, bezohledným broděním se v krvi lidské. Odtud to pochodí, že velikost Vácslava II. i Karla IV. bývala i od svědomitých historiků nedoceňována, a z mírumilovné vyjednávací povahy činěna jim oběma výčitka; avšak křivě. Neboť postavíme-li se na stanovisko souvěkých poddaných, jakž se sluší (poněvadž králové jsou k vůli lidu, ne lid k vůli králům), dáme zajisté přednost Karlovi IV. a Vácslavovi II., mohutným knížatům pokoje blahonosného, před romantickou rytířkostí králův Jana i Přemysla II.

Podoba mezi Karlem a Vácslavem II. nebyla nahodilá, nýbrž, jakž lze najisto souditi, vnuk vědomě bral sobě slavného děda za vzor. Byl k tomu veden také hrdostí, se kterou hlásil se k svému původu, že po matce pochází z rodu Přemyslovského. S důrazem připomíná Karel ve vlastním Životopise, že jest ze starého pokolení králův Českých, i přičítá tomu důvěru a lásku, se kterou Čechové hned r. 1333 nesli se k němu. Co Vácslav II. dobrého počal, v tom Karel hleděl pokračovati, a časem takořka napodoboval svého děda; o tom svědčí skutky veliké i malé. Již Vácslav II. obrátil zření své ke Slezsku a zjednal koruně České nad některými tamějšími knížectvími vrchní lenní práva, ku kterým Karel, když přivtělení Slezska bylo dokonáno, výslovně se táhne v zákonech inkorporačních. Vácslav II. pojal myšlenku o zřízení university v Praze a o vydání psaného zákonníka, potkal se však s nezdarem v obojím případě; Karel obnovil obojí pokus, onen provedl slavně, od tohoto musel též upustiti.

Vácslav II. oslavil své korunování založením cisterciáckého kláštera na Zbraslavi, kamž za tím účelem odebral se nazejtří po slavnosti korunovací (3. června 1297); Karel ten den po svém korunování na království České založil karmelitánský klášter na Novém Městě Pražském. Při královské kapli Všech Svatých na hradě Pražském zřídil Vácslav II. kapitulu, která později zanikla, až ji Karel obnovil (1342).

Co do zevnějšku osobnosti Karlovy, máme podrobnou a bohužel jedinou charakteristiku od vzdáleného cizozemce, Florenčana Matouše Villaniho. Ten při příležitosti první výpravy Římské, kdy Karel byl ve 39. roce věku svého, podává o něm toto vylíčení: „Podle toho, co vyrozumíváme od těch, kdož obcují s císařem, on jest postavy prostřední, ano malé dle náhledu Němců; nosí se shrbeně, kloně krk a obličej do předu, však ne příliš; obličej má široký, tváře přitloustlé, oči veliké, vlasy i vousy černé, hlavu z předu lysou. Odívá se v šat počestný, beze vší ozdoby, vždy zapatý, sahající toliko po kolena."[62]) Týž bystroumný letopisec, když Karel 18. ledna 1355 vjížděl do Pisy, popisuje jeho zjev takto: „Císař oděn jsa v šat hnědý beze vší ozdoby od zlata, stříbra nebo drahých kamenů, šel velmi pokorně, pozdravuje veliké i malé s laskavým pohledem."[63]) Také když Karel 2. dubna 1355 vstoupil na za-

---

[62]) Matteo Villani lib. IV. cap. 74. — Srovnej výrok o sličnosti 16letého Karla zde str. 23. nota 7. — Souvěké podobizny Karla, z nichž jedna se chová nyní ve Pražské galerii vlast. přátel umění, a jiné jsou na omítce na Karlštejně, neodporují slovům Villaniho.

[63]) Matteo Villani lib. IV. 44.

přenou do Říma, zmiňuje se Villani, že měl šat
hnědé barvy.[64]) Krom toho při vjezdu císařově
do města Cambrai 22. prosince 1377 jest zpráva,
že měl na sobě plášť a klobouk ze šedého sukna,
obojí podšitý kunou.[65]) Dle toho arcibiskup Jan
Očko zajisté mluvil pravdu, řka v pohřební řeči
o Karlovi, že „v šatech, hodech, jídle a pití vždy,
pokud mu bylo lze, přijímal na sebe spůsob chu-
dých, a tudy všecku domýšlivost od sebe zapu-
zoval.“

O přivětivém a blahosklonném obcování Karlově
s lidmi mohlo by se snésti mnoho dokladů, ale není
toho potřebí; bylť vychovancem Francouzů, u kte-
rých jest zdvořilost a dvornost vždy domovem.
Buďtež zde dotčeny jen dva zvláštní případy. Vil-
lani vypravuje, že vyslanci měst Florencie, Sieny
a Arezza, přišedše do Pisy (1355), jednat s císa-
řem, chtěli mu políbiti nohy; ale on toho netoliko
nedopustil, nýbrž i objímal je a líbal v ústa.[66])
A arcibiskup Jan Očko v pohřební řeči uvádí
tento až podivný příběh: „Slyšel jsem od někte-
rých pánův, kteří dosud žijí, že když jednou cí-
sař obědval v nějaké zahradě, náhodou přišli má-
lomocní ke stolu; ty on dal posaditi u jiného stolu
blízko sebe, i krmil je, a z číše své, ze které pil,
dal jim píti, a ostatek po nich sám dopil, ač mu
toho všichni zbraňovali.“

Při udělování audiencí pozorovali v Italii
u Karla (1355) ten zvláštní obyčej, „že držel
v rukou pruty vrbové a nožíkem je s oblibou na
drobno řezal; a vedle té práce ruční, když lidé
před ním klečeli, přednášejíce své prosby, pohy-

---

[64]) Matteo Villani lib. IV. 92.
[65]) Pelzel, K. Karl, II. 924.
[66]) Villani IV. 53.

boval očima po okolostojících tak, že prosebníkům se zdálo, jakoby neposlouchal jejich řečí; však nicméně poslouchal a rozuměl znamenitě, a slovy krátkými, podstatnými i přeměřenými k žádostem dával odpovědi velmi moudré dle vůle své a beze všech odkladů k jinému času nebo k uvážení s radou. A tak dálo se v něm současně troje, nepřekážejíc jeho myšlení: ohlížení se očima, práce rukou, a slyšení plně porozuměné i dávání promyšlených odpovědí: věc podivná a nemálo znamenitá u jednoho pána."[67]).

Byl-li u Karla ten obyčej stálý, baviti se mechanicky řezáním dřeva, není povědomo, neb v mimoitalských pramenech není o něm zmínky; toliko tu připadá na mysl, že na Karlštejně ukazují dřevěnou sochu Panny Marie, kterou prý Karel vlastníma rukama vyřezal. Na touž zázábavu jest narážka ve Villanově líčení pohnuté scény, ve které císař přišel do silného affektu, jakých nám u něho jest málo známo. Dne 19. března 1355 jednal Karel v Pise s Florenckými posly o platy, kterých od nich požadoval, začež jim měl potvrditi samosprávu. Rokoval s nimi v komnatě, maje při sobě toliko svého přirozeného bratra Mikuláše patriarchu Aquilejského a místokancléře. Jednání trvalo náramně dlouho, protáhlo se až tři hodiny do noci, i nebylo možno dohodnouti se o vzájemné výminky; konečně prý císař jsa rozhněván a utýrán, mrštil na zem prut, jejž držel v ruce, a hrozil i zaříkal se, že zboří město Florencké, nesvolí-li poslové k jeho podmínkám dříve nežli vyjde z té komnaty. Ale rozešli se bez dohodnutí, nazejtří pak byl Karel

---

[67]) Villani IV. 74.

již ve své obyčejné míře, a brzo dosáhl od Florenckých, čeho žádal (IV. 72).

Velice významná jest zpráva Matouše Villaniho o radě císařově, a jaké postavení Karel v ní zaujímal. Brávalť prý v Italii do rady své toliko několik málo pánů svých a nevlastního bratra Mikuláše, patriarchu Aquilejského (v Čechách měl vždy zdejší biskupy v radě). „Ale úrada byla více císařova nežli rádcův jeho; neboť jeho pronikavý rozum rozvahou předčil nad radu ostatních".[68]) A na jiném místě poznamenal týž letopisec, kterak císař, když rokoval v Sieně s nespokojenými ghibelliny, „nebera rady ʼs nikým aniž dávaje odpovídati skrze jiného, jakožto pán rozumný a výmluvný s klidnou myslí dal moudrou odpověď" hned ráz na ráz.[69]) Za příčinu povýšení Karlova r. 1346 udává M. Villani, že prý „svatá stolice věděla, kterak Karel co do ctnosti, rozmyslu a statečnosti byl nejvýtečnější kníže v Němcích".[70])

Takovéto pochvalné výroky italianského letopisce mají tím větší váhu, čím méně M. Villani byl stranníkem Karlovým; onť se ho dotýká často velmi ostře, kdykoliv jest mu vypravovati o platech, jež císař od svých italských poddaných požadoval.

Ze souvěkých Čechův bohužel nikdo nevzal si práci, aby potomstvu vykreslil povahu Karlovu črtami podrobnými a názornými; všichni zdejší letopisci přestávají na chválách všeobecných. Arcibiskup Jan Očko měl pěknou příležitost, aby podal charakteristiku císaře v řeči, kterou přednesl nad jeho hrobem. Ale místo toho Jan Očko složil pouhou chvalořeč, ve které jest mnoho tehdejší

---

[68]) Matteo Villani IV. 74.
[69]) Matteo Villani V. 21.
[70]) Matteo Villani I. 34.

theologické a scholastické učenosti, ale věcnatých
zrn jen několik.[71]) Dovozovalť, že v Karlovi bylo
všech osmero blahoslavenství, rovněž tak sedmero
skutkův milosrdenství, dále sedmero darův Ducha
Svatého, čtvero ctností stežejných, a sedmero dů-
vodův svatosti. Mezi dary Ducha Svatého první
jest moudrost, a tu arcibiskup srovnává Karla
se Šalomounem, a shledává ho moudřejším nad
něho; na to má několik důkazů, a první jest ten,
že Karel věděl prý vše, co věděl Šalomoun, totiž
z knih jeho, ale Šalomoun nevěděl vše, čeho Karel
se dověděl. Mezi důvody svatosti na posledním místě
Jan Očko uvedl ten, že Karel měl všech sedm svá-
tostí, a sice i svátost svěcení kněžstva, ovšem jen
potud, že byl prý svěcen za akolyta a též po-
mazán za krále i za císaře. Neschází prý nic ji-
ného, než aby církev vyhlásila na zemi Karla za
blahoslaveného, jakož na nebi svatým jest. —
Také letopisec Pisanský dokazoval již okolo roku
1355, avšak s patrným nadsazováním v některých
kusích, že Karel vede život svatý a jest mužem
svatým.[72])

Mezi nejvzácnější panovnické vlastnosti Kar-
lovy náleží zajisté jeho *spravedlnost*. Tou vy-
znamenával se netoliko na soudě, kdež roze-
znávají se rozepře soukromé, ale i ve věcech poli-
tických. Jsa postaven v čelo rozsáhlým říším, kde
tolik různých prospěchů stavovských, krajinných a
jiných vespolek zápolilo, a maje zároveň hájiti
prospěchův říše, trůnu i rodu svého, nemohl ovšem
vždy zachovati se všem; avšak státnická činnost

---

[71]) Tištěna jest v Balbinově Bohemia sancta, II. 68—80.
Ještě jalovější jest pohřební řeč Vojtěcha Rankova,
Friedjung, K. Karl p. 101 nota 1.
[72]) Citován u Hubra, Reg. pag. XXXV.

jeho v Čechách, v Němcích a v Italii, kterouž tolik
protiv umírnil, tolik sporův uklidil, větším dílem
umluvami, bez krveprolití, jest patrným důkazem,
že politika jeho nebyla prázdna mravnosti, že ne-
spravoval se surovým heslem: Kdo s koho, ten
toho (jakž bohužel v politice často bývá vídati),
nýbrž že vodítkem jeho byla spravedlnost, vše-
možné šetření všech práv a slušných nároků. Co
se týče konání spravedlnosti v užším smyslu, bylo
již dotčeno (str. 158), kterak Karel rád osobně
zasedával na soudě zemském království Českého,
což jemu i předchůdcům jeho, kteří tak činili,
vždy pokládalo se za panovnickou vlastnost ob-
zvláště chvalitebnou a důležitou; a jako v Praze
zasedával na mimořádný osobní soud ve vratech
paláců svého, kdež rozsuzoval rozepře poddaných,
sirotků a vdov, podobně i v jiných zemích, když
přišel do města, dával rozhlašovati, že v určitou
chvíli může se k němu uchýliti každý, kdoby měl
nějakou právní stížnost na kohokoliv.

Kterak Karel s neuprosnou přísností trestával
nadužívání moci, k tomu byly již uvedeny pří-
klady o Pancéřovi, Jindřichovi ze Hradce a j.
(str. 78 sl.); jiné dva příklady uvádí souvěký le-
topisec Beneš z Weitmile při roce 1366. Dva mě-
šťané Jaroměřští, byvše od jakéhos kněze pohnáni
k arcibiskupskému soudu, zavraždili toho kněze;
ač pak pro zachování života k veliké pokutě se
uvolovali, císař kázal je oba stíti. Zase jakýs vlá-
dyka usedlý blíže Jindřichova Hradce dal fará-
řovi na svém statku vyloupati oči za to, že vy-
konával proti němu rozsudek soudu arcibiskup-
ského. Vládyka přiveden do Prahy, a ač prý mnozí
knížata a páni za něho prosili i také peníze na-
bízeli, aby zmrzačenému knězi dála se nějaká ná-

hrada, císař nedal se žádnými prosbami pohnouti, nýbrž rozkázal, aby v Praze před očima všeho lidu byly vinníkovi také oči vyloupány; vládyka z toho třetí den zemřel.

Obzvláštního uznání zasluhuje spravedlnost a blahovůle, se kterou Karel ujímal se poddaného lidu proti vrchnostem. Proskakovalť již ode sta let mezi šlechtou českou a moravskou patrný chtíč, skracovati poddaný lid o stará práva, ukládati mu nová břemena, uvaliti na něho skutečnou porobu. Brána ke všemu zlému, které na selský lid přijíti mělo, záležela v uvedení nevolnictví, t. j. v uznání takového práva, že poddaný bez svolení vrchnosti nemůže se vystěhovati z panství, k němuž náleží, a usaditi se jinde buď na jiném panství nebo ve městě; jakmile by sedlák byl takto připoután ke hroudě, byl by již vydán vrchnosti na milost a nemilost. Jsou toho jisté známky, že nešťastný proud časový ve 14. století již spěl k tomuto konci, ale Karel jej ještě zadržel. Majestas Carolina nařizuje (77, 78), že poddanému nemá býti bráněno, chce-li v příhodný čas ze statku se vyprodati, a dostiučiniv povinnostem svým na tom panství, pod jiného pána se přestěhovati. To se srovnávalo se starým právem, jež uznáno jest ve mnohých starších listech královských. A ač Majestas Carolina byla odvolána, a také není nikde poznamenáno, že by tento zákon byl zvláštním snešením sněmu přijat, přece není pochyby, že právo v něm vyslovené bylo i později zachováváno. Jiné staré právo, obnovené na sněmu roku 1355, že poddaní mohou poháněti i pány k soudu zemskému, bylo závorou proti všeliké libovůli šlechty. Karel také ve privilegiích šlechticům udělovaných vymiňoval si, že poddaní mohou od soudu vrchnostenského odvolati se k soudu královskému.[73]) Teprv o sto let později podařilo se šlechtě, aby odstraněním dotčené závory (půhonův od poddaných na pány k soudu zemskému) razila sobě cestu k uvedení nevolnictví, které během času vedlo až ku plačtivému zubožení lidu selského.

O vroucí *pobožnosti* Karlově nikdo nikdy nepochyboval, ale mnozí ji velebili, ano někteří spůsob jeho života nazývali svatým. Hodinky modlíval se jak v letech chlapeckých tak i později. Kdykoli slavil hod boží vánoční v Praze nebo v jiném velkém městě, čítával jako diakon a v rouše císařském u oltáře při slavné mši evangelium: „Vyšlo poručení od císaře Augusta, aby byl popsán všecken svět atd.“; takové právo měl každý korunovaný císař Římský. V učenosti bohovědecké vyrovnal se mu málo který kněz, tak že i mistři theologie divívali se jemu. Bibli snášel prý tak v paměti, že když mu bývala čítána u lože (jakž měl obyčej), on čtoucího opravoval z paměti. Psal i některé spisy nábožného obsahu, ze kterých zachovala se nám legenda o sv. Vácslavu, pak několik homilií, napomenutí k nástupcům ve vlastním životopise, a kázaní na evangelium, které se čte na den sv. Lidmily: „Podobno jest království pokladu ukrytému v roli.“ Kázaní toto, vložené do jeho vlastního životopisu, napsal r. 1338, ve 23. roce věku svého; podnětem k tomu byl mu sen, jejž měl na cestě ze Staré Boleslavě

---

[73]) Palacký Děj. II. 2. str. 8 nota 6, cituje takovou listinu z r. 1359; co se týče ostatního jejího obsahu a tamějšího výkladu, připomínám, že patrimoniální soudy měly v Čechách faktický i zákonný počátek mnohem starší.

v Toušeni, kdež se mu zdálo, že počal činiti výklad právě na to evangelium.

Naplnil by se slušný svazek, kdyby se měly vypočísti všechny skutky, kterými zbožnost Karlova se jevila; bylo by psáti o zakládání a zvelebování kostelů, oltářů, klášterů, kapitul a jiných sborů duchovních, o úctě svatých, o shledávání a ukládání jejich ostatků a j. v. Obzvláštní úctou nesl se k sv. Vácslavu, dědici země České, jehož pokládal, jakž dí letopisec Beneš, za hlavního ochrance a pomocníka svého; úctu jeho zveleboval doma i v cizině; na jeho památku dal r. 1351 znova opevniti Starou Boleslav zdmi; jemu ke cti zdělal největší a nejnádhernější kapli v kostele Svatovítském, a v ní dal mu postaviti hrob z ryzího zlata; v jeho ochranu poručil novou korunu královskou, symbol státu Českého.

Horlivosti Karlově ve shromažďování svatých reliquií také děkuje Praha za nejstarší rukopis, jejž ve zdech svých chová. Při patriarším kostele v Aquileji nacházelo se tehdáž staré evangelium sv. Marka, o kterém se věřilo, že bylo napsáno vlastní rukou téhož evangelisty; celý rukopis skládal se ze sedmi pergamenových quaternionů čili složek. Když Karel v říjnu 1354 přišel do Friulska, dosáhl toho mnohými prosbami u svého bratra patriarchy Mikuláše a kapituly Aquilejské, že mu dva poslední quaterniony byly darovány; s velikou radostí poslal je hned do Prahy arcibiskupu Arnoštovi, a vyslovil přání, aby o velikonocích vždy četlo se evangelium s obzvláštní slavností z těch vzácných listů. Latinský ten rukopis ovšem nepochází od sv. Marka, nýbrž soudě dle pěkného uncialného písma, psán byl v hořejší Italii asi v 5. nebo 6. století po Kristu. Listy Karlem vyprosené

dosud chovají se v pokladě kostela Svatovítského,
i jest na nich vlastní rukou Karlovou poznamenáno,
co tehdáž se věřilo o původu toho evangelia, a jak i
kdy Karel ty quaterniony obdržel.[74]) Mají teda
ty starobylé blánky také tu nemalou vzácnost do
sebe, že na nich dochoval se nám vlastní rukopis
našeho milovaného krále. Neb ačkoli Karel jistě
dosti psával vlastní rukou, jsou nám nyní toliko
dva jeho autografy povědomy, totiž onen delší
právě dotčený, a druhý krátší, který se týká zase
reliquií. Na své cestě po Německu na sklonku r. 1353
Karel obdržel mnoho ostatků svatých, jež všecky
poslal do Prahy spolu s listinou, danou v Mohuči
2. ledna 1354, ve kteréž ty reliquie se vypočítá-
vají; na konci té listiny jest připsáno. „To k vět-
šímu svědectví já Karel Čtvrtý král Římský a
Český jsem podepsal na věčnou památku."[75])
Oba autografy jsou psány latinsky. Jiných listin,
vydávaných z kanceláře jeho, on nepodpisoval.

Pobožnost Karlova, ovšem tak upřímná a vni-
terná jak velikou jevila se na venek, nebyla však
nikterak toho spůsobu, aby jej činila zhola povol-
ným naproti světským snahám dvora papežského,
anebo aby zrak jeho zaslepovala naproti zjevným

---

[74]) Že to jest autograf Karlův, dosvědčeno jest v něm
samém i také v listině u Hubera Nr. 1939; snímek
přípisu Karlova i ukázka rukopisu evangelia jest
u Pelzela, K. Karl, 416, 711. — Proti nedověcným
domněnkám o evangelii sv. Marka ve Slovníku Na-
učném V. 110 viz zprávu K. Jirečka v ČČM. 1876,
773, a co se týče věku, Wattenbach, Lat. Palae-
ographie p. 3.

[75]) Listina tištěna jest u Balbina, Misc. VI. 59; snímek
autografu Karlova přidal Hanka k svému vydání
Lupáče r. 1848. — Jiný vlastnoruční přípisek Karlův
nachází se na jeho listě ku papeži z dne 30. března
1876; Lindner, K. Wenzel, I. 34.

vadám v tehdejším zřízení církve. Jako všichni
v pravdě pobožní vrstevníci, tak i Karel těžce nesl,
že mnozí sluhové církve příliš zesvětačeli, a od-
dávajíce se spíš všemu jinému nežli úřadu svému
duchovnímu, bývali věřícím ne příkladem ale po-
horšením. Císař přál snahám po reformě v církvi,
kterými se zaměstnávali někteří šlechetní mužové
toho věku.; ale myšlenky tyto byly tehdáž ještě
nedosti protříbeny, a také postaveuí Karlovo k nim
nebylo vždy jednostejné.

Nejsmělejší krok ve smyslu reformovém uči-
nil Karel při příležitosti sněmu držaného v Mo-
huči v březnu 1359. Apoštolský nuncius dožado-
val se tam papežského desátku z důchodův ně-
meckého duchovenstva; když knížata tomu se
protivili, mníce, že sic již dosti peněz posílá se
z Němec do Avignona, císař přidružil se k op-
ponentům, tázaje se nuncia, proč papež raději
nepečuje o nápravu mravův duchovenstva? A aby
smýšlení své projevil okázaleji, vypůjčil si od
jednoho kanovníka na sněmu přítomného jeho
skvostný svrchní šat zlatem protkávaný, a oblekna
ho, ptal se knížat: „Co se vám zdá? nepodobám-li
se v tomto šatě více rytíři nežli kanovníkovi?"
I napomínal německé biskupy ústně i písemně,
aby u podřízených sobě duchovních učinili přítrž
světáckému spůsobu života; a ačkoli před lety
Karel Kolovi di Rienzo, horlícímu na zvrhlost církve,
důtklivě domlouval, že souditi papeže a církev
nesluší se lidem, nýbrž samému Bohu: nyní císař
v listech k biskupům doložil pohrůžku, jestliže
neuposlechnou napomínání jeho, že by důchody
nehodných duchovních byly zabaveny od knížat
světských, dokud by papež nenařídil, jak lépe
mělo by se s nimi naložiti. Slova tak neobvyklá

učinila v Avignoně dojem veliký. Innocenc VI. hned po měsíci poslal list císaři, ve kterém sice chválí jeho blahovolnou horlivost, ale žádá ho, aby odvolal svou pohrůžku v příčině sequestrace statků duchovenských; papež sám pak nařizoval arcibiskupům německým, aby zapověděli duchovním účastniti se turnajův a her (jakž i císař výslovně na to nalehal). Zatím někteří knížata, páni i konšelové skutečně počali sahati na majetek církevní v Němcích; tak do opravdy císař však nemínil svou pohrůžku, pročež srovnal se s papežem, a slavnou listinou vydanou v Praze 13. října 1359 zapověděl všeliké uchvacování statků a libovolné rušení svobod osob duchovních od mocností světských.

Také v Čechách Karel shledával valně nešvar, jež toliko opravdovější a přísnější život náboženský mohl vypleniti nebo zmírniti. O duchovenstvu v Čechách vyslovil se král Karel již před r. 1354 v tato slova: „Peníze panují v nich, a jsou otroci peněz; tělesnost rozmohla se v nich.“[76]) V tom poznání srovnávala se s hlavou světskou i hlava duchovní; arcibiskup Arnošt na visitacích, synodách a ve statutech neustále bojoval se zlořády v církvi české; a arcibiskup Jan Očko v řeči přednešené nad hrobem Karlovým vzýval Boha, aby povzbudil nástupce trůnu proti neřestem duchovních i laiků, zejména také „proti pastýřům pasoucím sebe, proti svatokupectví a proti zleužívání kláštera.“ Již za panování Karlova počalo se v Čechách působiti k opravě církevního života, a císař to byl, jenž ten směr uvedl zde na kazatelnu. Onť r. 1358 povolal z Rakous do Prahy Konrada Wald-

---

[76])Höfler, M. J. Hus, p. 73 nota 164.

hausera, kněze řádu sv. Augustina kanovníků řeholních, který ve Vídni proslul jakožto mravokárný kazatel. Císař ustanovil ho za kazatele u sv. Havla na Starém Městě Pražském, a udělil mu faru v Litoměřicích; když pak Waldhauser této fary se zbavil, obdržel asi r. 1360 faru Týnskou v Praze. Účinek jeho německých kázaní byl veliký v obecenstvě Pražském, a jevil se podivuhodnými příklady kajicnosti; že však horlivý kazatel dotýkal se směle také žebravých mnichů, tito neopomenuli osočovati ho z kacířství; však nicméně Waldhauser, první z tak řečených předchůdců Husových, působil na faře Týnské až do své smrti († 8. dub. 1369). Již vedle něho, vynikl druhý horlitel téhož směru mravokárného, Jan Milič z Kroměříže. Ten v letech 1358—1362 byl registratorem a pak notářem v kanceláři císařské, ze kteréžto příčiny doprovázíval císaře na cestách. Roku 1363 Milič odřekl se všech beneficií a oddal se zcela kazatelství, napravování padlých a vychovávání mladého duchovenstva; kázal v Praze česky, latinsky i německy. Na této dráze, při které konal divy sebeobětovnosti a mravné horlivosti, vždy požíval přízně císařské. K jeho prosbám dal císař zbořiti zlopověstné Benátky (mezi nynější ulicí Konviktskou a Bartolomějskou), a daroval to městiště Miličovi, jenž z pobožných almužen zřídil tam proslulý Jerusalem. Zemřel v Avignoně 1. srpna 1374, jsa rovněž obžalován z kacířství od Pražských přátel starého zlořádu; ale u papežského dvora byl zúplna očištěn, tak že kardinál Albanský nazýval ho blahoslaveným a mínil, že by měl býti svatořečen. Ač protivníci opravy v Praze pronásledovali i dále směr Miličův v jeho stoupencích, císař nedal se tím másti, a nazýval zemřelého Miliče „svým zbožným milým dobré paměti."[77])

Milič mluvíval s počátku mnoho o Antikristu, jemuž přičítal všechno špatné na světě; r. 1366 ukázal prstem na císaře, řka, že tuť jest veliký Antikrist. Z tohoto výroku, za nějž neohrožený horlivec pykal nějaký čas v arcibiskupském vězení, jest ovšem patrno, že Miličovi něco se nelíbilo v působení anebo v živobytí Karlově. Avšak při přílišné přísnosti Miličově není třeba, přikládati tomu pověstnému výroku velkou objektivnou váhu, a nemáme ani žádných jiných příčin, abychom vinili Karla, že by svou štědrostí k církvi byl spoluzaviňoval její mravní úpadek.[78]) Lesk, oslava a hojnost bohoslužby, kterým Karel přál, nesouvisejí nikterak bytně se zkázou církevního řádu a mravnosti.

Kořeny zlého vězely jinde, a těch Karel hleděl ne přimnožovati ale umenšovati. Přílišné bohatství beneficií bylo na škodu; ale sbory duchovní i jednotlivá beneficia, jež Karel zřídil, nebyla od něho nadána nadbytečnými důchody, nýbrž jen takovými, jakých bylo potřeba ke slušné výživě. Z týchž pohnutek postaral se o zákon, kterým se stěžovalo rozmnožování majetku mrtvé ruky (str. 159). Jiné prameny neřesti byly, že beneficia udílela se duchovním nižších svěcení, kteří nebyli kněžími a tudy ani úřadu svého náležitě vyplňovati nemohli; četná beneficia hromadila se v jedněch rukou, užívatel jejich zhusta nepřebýval při nich, nýbrž dávaje se zastupovati jiným duchovním, vikářem nebo nájemníkem, bral z nich

---

[77]) Tomek, Děj. Prahy. III. 284—315.
[78]) Tak činí Friedjung, K. Karl, 169, 173 sl.

sice tučné důchody, ale sám buď si hleděl jiné služby, ku př. kancelářské, lékařské, vojenské, hospodářské, anebo se oddal zahálce a prostopášnosti. Kterak Karel o těchto zlořádech smýšlel, viděti jest z jeho zakládacích listin, kterými při beneficiích od něho zřízených opak všeho toho ustanovil za pravidlo nepřekročitelné. Ku př. na veleslavném hradě Karlštejně založil r. 1357 kapitulu o pěti členech, z nichž jeden byl děkanem. Děkan i všichni kanovníci museli býti kněží, a nikoli duchovní nižšího řádu; všichni byli zavázáni bydliti osobně u svých prebend beze všech fortelův; žádný nesměl vedle té prebendy míti jakéhokoli druhého úřadu duchovního, byť i malý byl; a všem předepsán jest určitý řád bohoslužby od císaře s přivolením arcibiskupa Arnošta. Kanovníci měli ročního důchodu po 6 kopách grošů a 25 korcích obilí; což zajisté není nadání přílišné, povážíme-li, že obyčejný roční plat oltářníka nebo kaplana činil 8 kop grošů.

Nové zřídlo veřejného pohoršení vycházelo ve 14. století od samého dvora papežského. Papežové tehdáž nařizovali o některých bohatých beneficiích, že až se uprázdní, nemají se osazovati obyčejným řádem, a že svatá stolice sama je udělí z milosti apoštolské. Milostné listy na beneficia takto reservovaná udělovali papežové za velké poplatky, a to bez rozdílu uchazečům domácím i cizím; tito někdy ani se neukázali u beneficií svých, nýbrž dle rozdílného stupně svědomitosti své buď se dali zastoupiti vikářem, anebo zjednali si jen nájemníka nebo správce statků, který za nimi posílal peníze do ciziny. Karel hned v prvních letech kralování opíral se těmto tak zvaným reservacím a provisím, ovšem bez žádoucího úspěchu;

zachovalť se formulář žádosti králový ku papeži, aby odvolal reservace a provise vyšlé od něho v příčině cisterciáckých opatství v Čechách; rozumí se, že námitky Karlovy proti libovolnému dosazování cizozemců k opatstvím českým platí rovnou měrou o všech úřadech duchovních.[79])

Reformový ruch v Čechách nesl se k nápravě mravův uvnitř církve, nikoli k utvoření nějaké sekty mimo církev; chtěl tomu, aby dobré zákony církevní měly skutečný průchod, a nikoli aby církev se zřízením a učením svým byla odstraněna. Tomuto praktickému směru Karel byl blahovolně nakloněn. Jiného však rázu byla německá mystika, učení pošmurné, kteréž jak vymykalo se všem positivným řádům, tak unikalo také prostorozumným pravidlům logiky. Střízlivá mysl císaře Karla nikdy nenacházela záliby v takovéto blouznivé filosofii, která kolikrátkoliv v Evropě se zjevila, vždy zde zůstala odsouzena k neplodnému theoretisování nemnohých skroucených hlav; ale císař také nikdy nedával sobě záležeti na potlačení mystických theorií, snad právě proto, že znal jejich nespůsobilost k jakémukoli velikému účinkování v životě praktickém.[80]) Sektářství se mu ovšem protivilo, ale ani v tom nevynikl horlivostí. Teprva na své druhé výpravě Římské v červnu

---

[79]) Palacký, Formelbücher I. 362.

[80]) Friedjung, K. Karl, 177—200, rozepsal se o německé mystice a poměru Karla k ní. Míní str. 199, že mystika byla nejznamenitějším zjevem toho věku (!), a má Karlovi za zlé, že prý ji nepochopil (?). Někteří němečtí učenci dovedou ovšem zhola odděliti theorii od praxe; a jen taková hlava může v našem věku, jehož myšlenková výše vyrostla z empirie a z indukce, velebiti mystiku, která vrcholila v pojmu srovnalém s buddhistickou nirvanou (viz tamže str. 182).

1369, nejspíš k žádosti papeže, poskytl některou podporu inquisici v Němcích, kterou stolice papežská byla přede dvěma roky nařídila; zejména mohly laikům býti odnímány spisy, které by německým jazykem jednaly o věcech náboženských. Nebyl však v Němcích počet těch lidí veliký, kteří tomu stíhání padli za obět; v Čechách pak za panování Karlova jest o inquisici dosti ticho. Karel sám, jako byl smiřlivý k nepřátelům politickým, tak ani neštítil se osob naříkaných z kacířství, s nimiž dle příležitosti obcoval bez rozpaků. Kola di Rienzo k veliké své radosti nalezl prý u krále knihu jakéhosi Jana, který někdy byl v Čechách upálen pro spiritualistické učení o chudobě.

Duch Karlův vůbec a všude i ve všem vynikal podivuhodnou všestranností, která zkoušela vše, a ze všeho hleděla podržeti dobré. Že Karel vyhledával známost s Petrarkou a mnohá leta (1351—63) si s ním dopisoval, ačkoli nikterak nemohl si osvojiti básnických ideálů italského vlastence v záležitostech jeho vlasti, to jest jeden z nejzajímavějších dokladů, kterak Karla zajímalo vše krásné a znamenité. A jako rozjímavé listy a spisy Karlovy z většiny oplývají vhodnými citáty z bible a ze svatých otců, a vyšňořeny jsou kroucenými kudrlinkami středověké latiny, tak zase v listech svých k Petrarkovi Karel přispůsoboval se vkusu humanistův, ozdoboval je upomínkami ze starověkých mudrců, i hleděl také napodobiti prostoduchou jadrnost slohu klassického.

Karel uměl také v sobě spojovati dobré stránky takových směrů duševných, které sic, provedou-li se do posledních důsledností, kontrastují vespolek. Jsa učený katolický theolog, byl veskrz prodchnut křesťanským názorem světa, jenž zde na zemi vidí přípravu k životu posmrtnému; ale vedle toho Karel vžil se také v myšlenku antickou, která za nejvyšší cíl člověka pokládá čest, slávu a blahou paměť u potomstva. Toť nesmrtelnost klassického starověku, kterou mistrně vykládá ku př. Sallustius v úvodě ku Catilinovi i k Jugurthovi. Hned první italianští humanisté za věku Karlova obnovili tuto předkřesťanskou myšlenku. Florencký učenec Zanobi di Strata, jsa v Pise 14. května 1355 od císaře Karla korunován za básníka, vykládal při tom ve veřejné řeči spůsobem zcela Sallustianským, že člověk předčí nad zvířata touhou po slávě.

Karel vpravil se do toho názoru již dříve; hned v prvním svém listě k Petrarkovi r. 1351 přiznává se bez obalu k mínění, že čest a sláva mají býti pohnutkami konání lidského. Nejobšírněji však vyložil Karel svůj antický názor světa potom v listě, kterým r. 1353 vyzval proslulého italianského cestovatele Marignolu, aby sepsal historii českou. Tam dovozuje, že zejména mladým knížatům jest potřebí učiti se moudrosti z historie, aby následovali výtečných příkladův a neodrodili se. K tomu prý v dávnověkosti sloužívalo také mínění, arciť mylné, že knížata pocházejí od bohův, aby přilnuli ke ctnostem a vystříhali se nepravosti, a jdouce ve šlepějích předkův, dbali o chválu více než o život, kterýmž v náležitý čas i opovrhovati mají. Neb touha po chvále předčí nade vše, a veliký duch vždy po ní dychtí. Odměna ctnosti jest čest, kteráž připadá velkodušným a ctnostným. Avšak chvála nezasloužená ctnostmi jest ironie, a pošetilý jest, kdo chce býti chválen bez ctnosti. Ctnost pak lepší jest než království a bohatství všeliké, neb skrze ni nabudu proslulosti a zůstavím po sobě památku věčnou.[81])

Této touze Karlově, aby osoba jeho zůstala ve stálé paměti u potomstva, dlužno také přičísti ten zjev, že dílům svým rád dával svoje jméno; avšak i vrstevníci, vidouce královu zálibu v tom obyčeji, dali některým místům jméno Karlovo. Karel sám pojmenoval město *Monte Carlo*, jež založil r. 1332 u Lukky v Italii; v Čechách rověž tak vznikl slavný *Karlštejn*, a nedaleko od něho menší hrad *Karlík*, pak hrad *Karlshaus* u Purkarce pod Hlubokou v Budějovicku; sem náleží též zákonník *Majestas Carolina*, i *Collegium Carolinum*, nejslavnější kollej v universitě Pražské, založená a pojmenovaná r. 1366 od císaře Karla jakožto krále Českého; král Vácslav r. 1383 daroval kolleji Karlově nový tehdáž nádherný dům, jenž dosud nese to jméno. Městys Vary povýšen byl r. 1370 od Karla za město a nazván *Karlsbad*. Hrad *Karlsberg* či Kašperk staven byl r. 1356 s povolením královským od Víta Hedvábného. Nové Město Pražské jmenováno bylo druhdy *Městem Karlovým*, ač zřídka;[82]) též jméno *Karlskrone*, jakž počali jmenovati hrad Radyni u Plzně,

---

[81]) Dobner, Monum. II. 79. — Friedjung 221, 301, 309; na prvním místě Friedjung z nedorozumění převrátil smysl citatu Karlova ze sv. Augustina, (jakoby ne sláva, ale život věčný měl býti cílem knížete), a zbytečně viní Karla z nedůslednosti. V listě Karlově nic toho nestojí, a sv. Augustinu De civitate Dei lib. III. cap. IV. jde také o věc docela jinou, totiž o důkaz, že to byl klam, když knížatům přičítal se původ od bohův.

[82]) Jmenuje se r. 1359 Karlstadt, Tomkovy Základy, II. 75; a ještě r. 1471 klášter sv. Ambrože in civitate Caroli, Památky arch X. 29.

neudrželo se. Na severní hranici Čech vyskytují se hrady *Karlswald* a *Karlsfried*. Karlov v Praze má jméno spíš po kostele sv. Karlu nežli po zakladateli svém.

Avšak nebylo ani těchto jmen zapotřebí: Karel skutky svými pojistil si slávu věčnou. Také jsa sobě povědom moci a vyvýšenosti své, nevyhledával slávy v lesknavém zejvnějšku. Všeliká ješitnost byla jeho velikého ducha daleka. Toliko při slavnostech církevních a státních, kdy sláva boží nebo čest státu a dvora toho vyžadovala, ukazoval se v nádheře majestatnosti královské a císařské. Sic ostatně, ač dosáhl nejvyšší pozemské cti, po které dychtiti mohl, žil jednoduše, a co do vlastní osoby své, jistě sprostněji než leckterý velmož jeho. Ukázáno již (str. 169), kterak prostě vedl sobě v oděvu i v domácnosti. Ano u Němcův, u kterých moc hrubá a právo silnějšího ještě vždy bylo v nejvyšší úctě, vzbuzovalo to i nelibost proti Karlovi, že v čas pokoje mezi poddanými svými chodíval beze stráže a neozbrojen[83]), tak jakž jest obyčej panovníků v civilisovaných státech novověkých.

Karel byl člověk celý, nikterak a v ničem jednostranný. Pobožnost nečinila ho morousem, a vedle vážných zaměstnání svých byl též milovník žertů a dopřával si vyražení. Mezi dvorskou čeledí jeho byli i šaškové; jednoho z nich humoristickou listinou povýšil za hraběte bláznův; dva šašky své, Vácslava a Havla, poslal r. 1353 do Štrasburka s oznámením své svatby s Annou Svídnickou. Italianského vtipkáře řečeného Dolcibene jmenoval králem všech italianských šašků; ten

---

[83]) Friedjung, K. Karl, 67.

řekl r. 1369 ve Ferraře císaři: „Vy zvítězíte nad světem, poněvadž jste přítel papežův a můj; vy bojujete mečem, papež bullou, a já jazykem." Dva pištce, bratří Svacha, řečeného Zlatá Ruka, a Maršíka odměnil král r. 1352 za jejich umění osvobozením od berně z jejich domu v Hostomicích.[84])

Vína Karel nebyl nepřítelem; netoliko staral se, aby ho Čechové měli doma dostatek, a to lepšího než před tím, ale i sám si ho s mírou dopřával. O víně zmiňuje se Karel ve svém životopise při roce 1335 za příčinou jakési tajemné příhody, kterou si neuměl vysvětliti. Vrátiv se totiž z Křivoklátu do Prahy, ubytoval se v domě purkrabském, kdež spal s panem Buškem z Vilhartic v jedné komnatě dobře osvětlené i zavřené. Sotva že usnuli, byli oba probuzeni kroky, jež slyšeli v komnatě, ale nikoho neviděli. Bušek vstal, aby se přesvědčil, co by to bylo, ale neuzřel nic; a učiniv větší oheň, „šel k číším, které stály plny vína na lavicích, a napiv se z jedné," opět ulehl. Pak opět slyšeli kroky, i viděli kterak číše, ze které Bušek se napil, letěla přes lože Buškovo z kouta do kouta, a odrazila se od stěny doprostřed pokoje; ale osoby žádné neviděli. Kaplan prince Jana Jindřicha Matěj později mínil, že ten úkaz spůsoben byl od duchův, kteří slovou Skřítkové;[85]) my pak třeba že již nemůžeme zjistiti, nepocházeli-li ti duchové právě z těch čísí, aspoň tolik poznáváme s jistotou, že ten večer po cestě z Křivoklátu nebyl v komnatě Karlově vína nedostatek. Vína užíval Karel i v pozdějších letech. Z Villafranky u Verony dal r. 1368 žádati Lud-

[84]) Huber, Reg. 1584, 1552. -- Friedjung 109, 280.
[85]) Beneš z Weitmile 269, 309.

víka Gonzagu, aby mu poslal sud dobrého vína a několik lahví pro vlastní osobu císařovu; ale byl od toho italského šlechtice nedobře obsloužen; neb o dva dni později dal mu císař zase psáti, aby mu pro jeho osobu poslal vůz dobrého vína trvalé barvy, poněvadž víno dříve poslané nevytrvalo ve svém stavu a v barvě.[86]) Že by však Karel byl někdy při víně nestřídmý, o tom není nikde stopy.[87])

Při nemalém namahání fysickém i duševném, jemuž Karel od jinošství až do smrti se podroboval, požíval zdraví dosti dobrého a stálého. Vímeť toliko o dvou těžších nemocech u něho; o jedné r. 1350 učiněna již zmínka; v druhé ulehl r. 1371 na Karlštejně, ale uzdravil se dosti rychle. Od roku 1373 trpěl císař dnou, kteráž nejspíš hlavně sama sklátila ho do hrobu v 63. roce věku jeho. O zachovalosti organismu svědčí tuším ta okolnost dosti podivná, že Karel v 57. roce věku dostal ještě nový zub; hodnověrný svědek Beneš z Weitmile píše o tom z vlastního názoru, že r. 1372, když císař dlel u Rýna, vypadl mu ve spaní třenovní zub beze vší bolesti, a na jeho místě vyrostl pak nový.

Karel oženil se čtyřikrát, a zdá se, že byl se všemi manželkami šťasten, krom že ho muselo rmoutiti, když zůstával dlouho bez mužského dědice; v tom ohledu bylo teprva čtvrté manželství jeho požehnané. V celku měl deset dětí, pět synů, z nichž dva zemřeli v dětství, a pět dcer. První manželka Blanka Francouzská dala mu toliko dvě

---

[86]) Huber, Reg. 4663, 4664.
[87]) Čím Ludvík Uherský splácel Karlovi r. 1362 urážku své matky, nemůže se vzíti do opravdy; viz Pa'ackého Děj. II. 2. 167. nota 243.

dcery, Markétu a Kateřinu. Prvorozený Vácslav, jediné dítě Anny Falcké, nevyrostl. Děti Anny Svídnické byly Alžběta a král Vácslav IV. Z Alžběty Pomořské narodili se Anna, potomní královna Anglická, Sigmund císař, Jan Zhořelecký (nar. 1370), Karel narozený r. 1372 a zemřelý po roce, a konečně Markéta, která přišla na svět r. 1373, v 58. roce věku otcova. Čtvrtá manželka přežila manžela svého, dočkalať se až roku 1393. Paní tato vynikala neobyčejnou silou; lámalať silné nože rytířské a kuchynské rukama jako mrkev; pancíře rytířův a dvořanův císařových roztrhávala ve dví shora až dolů; i také nové konské podkovy rozlamovala v rukou. Beneš z Weitmile, jenž to vše vídával, podotýká, že císařovna provozovala své siláctví před knížaty a pány, ale nikdy jindy než když císař si toho přál. Lidé divíce se tomu, říkali prý, že od času Libuše nebylo sílnější ženy v Čechách. Zdá se, že císařovna Alžběta také později na vdovském svém sídle ve Hradci Králové příležitostně koncertovala s lámáním podkov; neb Bienenberg, nejspíš z domácí tradice, dodává k tomu novou okolnost, totiž že svíjela cínové talíře jako papír.[88])

Ve financích a v hospodářství Karel byl vzorem pořádku a snaživosti. Úloha jeho v té stránce byla velmi nesnadná, neboť podniky jeho politické a umělecké vyžadovaly ohromných nákladů, zeměpanské daně však ve středověku vynášely maličkost naproti nynějšku, a titul císařský přinášel

---

[88]) Beneš 409; Bienenberg, Königgrätz 193. Že by císařovna Alžběta dle zevnějška vypadala slabá, jak míní Bienenberg, nepodobá se pravdě; neboť pás po ní zachovaný jest dělán na tloušťku těla od 68 do 92 centimetrů, což neokazuje na outlý vzrůst.

Karlovi jistě více útrat nežli příjmů. Mimo Čechy
šla o Karlovi pověst, že rád peníze přijímá, ale
nerad jich vydává. Ten smysl mají mnohé stesky
německé i četné útržky, jimiž Matouš Villani
hojně dotýká se císaře; zejména důtklivě ho viní
ze skrblictví při výdajích na vojsko, a zase z la-
koty při vymahání peněz na Italianech. Dle toho
by Karel byl měl co nejvíce vydávati a co nej-
méně přijímati, aby uhodil Villanimu vhod. Výtky
takové jsou nám jen důkazem, že Karel v tom
všem držel se pravé míry, přiměřené svým okol-
nostem. Neboť kdyby byl vedl větší náklady na
vojsko a zevnější lesk, bylo by se mu buď nedo-
stávalo peněz na to, co velikého vykonal, anebo
by byl musil obtěžovati své poddané ještě většími
břemeny; což jedno i druhé bylo by jeho záslu-
hám na škodu. Dlužnoť jest uvážiti, že Karel ne-
zanechal po sobě velikých pokladů na hotovosti;
shromažďoval-li a šetřil-li, nečinil to teda proto,
aby jako lakomec mohl jen dívati se na peníze.
Po celý svůj věk, v době markrabské, královské
i císařské, míval tu a tam značné dluhy a peně-
žité povinnosti; důchodů ovšem pilně vyhledával,
ale nikdy nad potřebu, a vynakládal je k účelům
důležitým a ušlechtilým.

Že tomu tak bylo, v tom nás utvrzují hlasy če-
ských vrstevníků, kteří nikdy nevinili ho ze skrbení,
ale stěžovali si na veliká břemena, jež k velikým
účelům svým uvaloval na Čechy. Takž Beneš
z Weitmile hořekuje, že Karel jakožto markrabí
Moravský, jsa nouzí nucen, připudil kláštery mo-
ravské ku placení ročního úroku, začež prý měly
býti od jiných dávek osvobozeny; ale během času
kláštery platily pomoc i úrok, a tak prý měly dvojí
břemeno. A při zprávě o kupování hradův a panství

v Bavořích žaluje týž letopisec, že Karel z té příčiny „mnohými daněmi velice obtěžoval celé Čechy, své přirozené království, neboť z říše měl po celý svůj život málo nebo nic."[89]) Na berni pak, kterou Karel vyžádal si k zakoupení země Brandenburské, žehral Tomáš Štítný těmito slovy: „Strach mně za krále, že příliš často berni béře, a snad více, chtě skoupiti země okolní svým dětem, než pro obecné dobré; a snadno-li jest jedné zemi skoupiti tolik jiných zemí? Páni pak hřeší v berni, nechtíc rozhněvati krále pravdou; ale pochlebujíc králi, nestojí proti zlému obecnému."[90]) Jest z toho viděti, že Čechové měli těch berní zrovna dost, spíš více než dost; a což teprva kdyby Karel byl méně spořivý býval?

Avšak Karel také o to pečoval, aby v milovaném jeho království blahobyt se vzmahal a aby tudy země snáze mohla nésti břemena jí ukládaná. K tomu cíli pracoval netoliko nepřímo, — odstraňováním překážek hmotného rozkvětu, jakož bývaly nepořádky ve správě veřejné a nejistota od loupežníků, — nýbrž i přímo, zjednáváním nových pramenů výživy a majetku. *Vinařství* tehdáž zvelebené a v krátkém čase ku podivu rozšířené bylo zajisté majetníkům pustých strání i vinařům velikým zdrojem bohatství; a ten zdroj otevřel Karel. U hlavního města, na Letné, na Petříně, ke Zlíchovu, v místech nynější král. obce Vinohradské, na Žižkově a u Libně bylo tolik vinnic, že Praha vypadala jako v širé zahradě postavená; podobně bylo u Karlštejna, u Mělníka, v údolí Jizery od

[89]) Beneš 309, 349.
[90]) Štítný vydaný Erbenem str. 156; níže jest tam výslovná zmínka o „této berni pro Bramburskú zemi."

13

Benátek ke Mladé Boleslavi, a jinde. O jakosti vína zmiňuje se Beneš, že r. 1369 vína česká předčila dobrotou (má se tuším rozuměti ohnivostí a sladkostí) nad rakouská, poněvadž prý toho roku bylo v Čechách veliké sucho a v Rakousích vlhko.

Krom promyslného vinařství zavedl Karel v Čechách také *rybnikářství*. Ku posouzení této hospodářské novoty jest potřebí uvážiti, že Čechy byly tehdáž méně zalidněné nežli nyní jsou, a tudy že bylo tu dosti půdy nevzdělané a neužitečné; rybníkův pak bylo v Čechách před Karlem méně než jich nyní pozůstává, neboť teprva v 15. a 16. století rozmohlo se u nás rybnikářství až přes míru; nynější veliké rybníky, které ve srovnání se vzdělanou půdou nesou slušný užitek i při nynější drahotě polností, vznikly teprva za Karla, a větším dílem ještě později. Karel byl první, který do Čech uvedl umělé rybnikářství, a opatřil tudy velikým statkům docela nový pramen výnosu. R. 1366 založil pod Bezdězem na statku královském veliký rybník, prý jako jezero rozsáhlý;[91]) obsahuje dosud 609 jiter rozlohy, a s vrcholu Bezděze jest na něj krásná vyhlídka jako na zrcadlo položené v krajině. Avšak rybnikářství počalo se v Čechách silně pěstovati jistě již o 10 nebo 15 let dříve; neboť jest zaznamenáno, že arcibiskup Arnošt, zemřelý r. 1364, založil mnoho rybníků na svých statcích, zejména u Kyj blíže Prahy, u Rokycan, u Týna Horšova, Příbramě, Červené Řečice, Žerčic a Chýnova; v čemž arcibiskup toliko následoval krále. Souvěký letopisec píše, že když

----

[91]) Beneš 889 zmiňuje se při tom, že toho roku objevil se v Čechách nový druh ryb, parmy, a byo jich prý tolik, že všecky vody v Čechách jimi oplývaly.

Karel zakládal zahrady a vinnice okolo Prahy, vzrostla tím lidnatost velice; a „král zřizoval také rybníky mnohé na rozličných místech, jež zemi velice prospívaly; což znamenajíce páni, zemané, duchovní a lid obecný, vysazovali všude vinnice a zahrady, a stavěli rybníky v Čechách, vzdávajíce díky Bohu, že jim dal takového knížete, pod jehož panstvím vše se jim dařilo."[92])

Dle toho také *sadařství* povzneslo se v Čechách popudem a příkladem Karlovým. Zasluhuje povšimnutí, že všechny tři hospodářské obory, vinařství, rybnikářství i sadařství, jsou takové, ježto netoliko přinášejí užitek pěstiteli, ale jsou také celé zemi k okrase. Slušně může se říci o Karlovi, že spojoval užitečné s líbezným, miscuit utile dulci. Aesthetický vkus Karlův a záliba jeho v kráse krajin vysvítá také z předpisův, jež Majestas Carolina obsahuje k ochraně lesův královských (49 sl.); tu Karel téměř s poetickou náladou libuje si to, že lesův hustota a stromův podivuhodná vysokost tvoří nemalou částku slávy království jeho, tak že prý kráse zdejších královských lesův cizinci se divívají.

Také reliquie, jež Karel shromažďoval ovšem z pohnutek jiných, přinesly Praze nemalý prospěch hmotný. Svátosti ukazované vždy v pátek po neděli provodní na Karlově náměstí byly velikým kouzlem, jež každoročně vábilo a přivádělo do Prahy ohromné zástupy poutníků z blízka i z daleka, a tudy podstatně přispívalo k oživení hlavního města i k rozhlášení jeho slávy po širém světě. Nával lidí, kteří sem přicházeli ke dni svátostí, byl Pražanům zjevem novým, nikdá dříve

---

zde nevídaným. Souvěký letopisec Beneš vypra-
vuje ne bez podivení, kterak za oněch let k uka-
zování svátostí „scházelo se do Prahy ze všech
končin světa takové množství lidí, že by nikdo
neuvěřil, kdo by vlastníma očima neviděl." A
při roce 1369 zase podotýká, že na svátek svá-
tostí „byl takový shon lidu z cizích zemí, že
veliký plac na Novém Městě u Zderazu (t. j. Kar-
lovo náměstí) byl celý naplněn lidmi. Říkalo se
obecně, že nikdy nikdo neviděl takových zástupů
v jedno shromážděných." Až do časů Karlových
byly v Praze dva výroční trhy; Karel za příčinou
veliké schůzky při dni svátostí zřídil třetí trh na
Novém Městě; výroční trhy Pražské, které trvaly
tehdáž asi celý týden, měly ovšem nesrovnale
větší důležitost nežli nyní.[93])

Ve všestranné *vzdělanosti* vyrovnal se Karlovi
málo který středověký kníže. Ač nikdy nezabýval
se vědami tak, aby tím zanedbával svůj pano-
vnický úkol (jako ku př. císař Rudolf II.), osvojil
sobě v několika oborech lidského vědění tak ne-
všední vědomosti, že mezi svými vrstevníky byl
skutečným učencem, učencem všestranným, a co
se týče vědomostí theologických, i učencem hlu-
bokým. Mistři svobodných umění, (jakž vypravuje
Beneš 325), divívali se jeho rozsáhlým vědomostem,
říkajíce mezi sebou: „Kterak on zná se ve vě-
dách, jenž málo navštěvoval školy v mladosti,
potom pak zabýval se více věcmi světskými a vo-
jenskými nežli školskými!" Rozuměl, mluvil a psal,
jakž sám vyznává a jiní dosvědčují, paterým ja-
zykem, česky, latinsky, francouzsky, německy a
vlasky. Byl i spisovatelem, a to v oboru theolo-

---

[93])Beneš 354, 401; Tomkův Děj. Prahy II. 410.

gickém, dějepisném a právnickém; mámeť od něho kázaní, legendu o sv. Vácslavu, vlastní životopis, a jistě také sám psal některé zákony své, vše v řeči latinské (leč by také některá německá privilegia byla z jeho vlastního péra). K osazování prelatur, jmenovitě biskupských stolic v koruně České, vybíral sobě muže vynikající ve vědách a činné spisovatele; tito učení biskupové čeští byli stálými jeho rádci. Všech lidí učených sobě vážil, nechť byli Češi, Němci, Francouzi nebo Vlachové, a nechť psali jazykem mateřským nebo latině; rád s nimi obcoval osobně i písemně, a pokud bylo třeba, podporoval je. Zde uvedeme jen mimočeské toho příklady.

Bartolus de Saxoferrato, nejslavnější toho času znatel římského práva v Italii a v Evropě vůbec, byl od Karla v Pise r. 1355 jmenován radou, dvořenínem a spolustolovníkem, a zároveň s potomky svými, kteří by byli doktory práv, obdržel právo udělovati zletilost a legitimovati své žáky; též mu císař udělil erb s rudým dvouocasým lvem ve zlatém poli. Tři jiné italské právníky jmenoval falckrabími,[94] kterýžto titul přinášel s sebou mezi jiným právo, jmenovati veřejné notáře. O korunování Zanobiho za básníka byla již zmínka. Nejvznešenějšího učence a básníka italského, Petrarky, vážil si Karel nejvíce. Petrarka navštívil císaře v Praze r. 1356, kdež byl velmi čestně přijat; o dojmu svém, jejž naň učinil dvůr císařský, psal potom sám, že neshledal nic, co by mohlo býti méně barbarské a více vzdělané i uhlazené, nežli jest císař a někteří mužové při něm; oblíbenci císařovi, arcibiskup Arnošt, tehdejší bi-

---

[94] Doklady u Friedjunga 283.

skup Olomoucký Jan Očko a kancléř Jan ze Středy, stali se také oblíbenci Petrarkovými. Po roce poslal císař Petrarkovi diplom falckrabský se zlatou bullou.

Zpomenutý právě Jan ze Středy, rodilý Slezák, byl netoliko mistrem zvrhlého středověkého slohu latinského, ale i německým básníkem. Mezi jiným přeložil do němčiny jednu knihu (Soliloquia) sv. Augustina, byv k tomu vyzván od císaře Karla. Toho času zdržoval se v Praze Jindřich z Mügeln, jeden ze zakladatelů tak řečeného mistrovského zpěvu německého. Přišel do Prahy již za krále Jana, a Karel jmenoval ho svým radou. Za to Jindřich složil sbírku německých básní, v nichž velebí krále Jana a císaře Karla; jest však v nich víc učenosti než poesie.[95]

Také k věcem *přírodopisným* byl Karel nemálo všímavý. Když v březnu 1338 byl na cestě ve Vídni, byl jednoho dne při východu slunce vzbuzen novinou, že obloha jest plna kobylek. Karel ač na ten den byl zván k obědu u vojvody Rakouského, nelenoval si sednouti na koně a jeti sedm mil až do Pulkavy, aby dojel konce, kde kobylky přestávaly; i popsal dosti podrobně jak celý zjev toho nesmírného hejna, tak i jednotlivosti těla a života kobylek.[96] Ve Vídni zachoval se spis o alchemii, věnovaný Karlovi IV., ve kterém se praví, že on toužil poznati to umění.[97] Za Karla vznikla v Praze první veliká zahrada

---

[95] Friedjung 113—117.

[96] Život Karlův ve Výboru z lit. české I. 542. Svak jeho, u něhož Karel byl pozván, jest patrně vojvoda Ota Rakouský; z toho soudím, že nocoval ve Vídni. Z Vídně do Pulkavy jest 9 zem. mil, což dosti dobře rovná se 7 staročeským mílím (15 z. mil. = 12 č. m.), jež míní Karel.

[97] Pelzel, K. Karl, II. 956.

lekárnická, která nacházela se v Jindřišské ulici
v místech nynější pošty; založil ji Italian Anděl
z Florencie, apotekář a dvořenín císaře, od něhož
r. 1360 obdržel osvobození od daní městských
z té zahrady i z domu svého při ní.[98]) Také již
nějaký zvěřinec zřídil si Karel při sídle svém;
ale ačkoli taková věc mohla vzbuzovati pozornost
domácích lidí, nedovídáme se o tom přece od ni-
koho z nich, nýbrž od cizince Marignoly. Ten při
vypravování o tom, co podivného v Indii viděl,
zmiňuje se také, že jsou tam „hrozní hadové a
šelmy, jako má císař pán Karel ve svých klecích
v Praze.“ Nějaké zbytky Karlova zvěřince, aspoň
lvové, připomínají se v Praze ještě na konci 14.
století.[99]) Byly to zajisté veliké kuriosity v teh-
dejší Evropě; a císař Karel dostal sem i kuriositu
lidskou na spůsob novověké Miss Pastrany. Když
totiž císař r. 1355 přebýval se dvorem svým v to-
skanském městě Pietra Santa, přivedli tam k němu
sedmileté děvče, chlupaté na celém těle i v obličeji
až ke rtům a očím; tato holka neholka měla srsť
ryšavou nepěkné barvy, a dlouhou jakoby prý
byla dcera lišky. Císařovna divíc se takovému
přirozenému přiodění těla lidského, poručila to
děvče svým komorným, aby ji živily a ošetřovaly;
i odvezli ji s sebou z Italie domů.[100])

Jakkoli vzdělanost Karlova byla všestranná, a
všechny obory vědecké jemu dostupné zajímaly
jej, přece v této stránce nade vše ostatní vyniká
obliba jeho ve věcech *historických.* Neobyčejná

[98]) Palacký II. 2. 112; Tomek II. 481.
[99]) in sua clausura Pragensi, Marignola in Dobneri
Monum. II. 114. — Tomkův Děj. Prahy III. 21.
[100]) Matteo Villani lib. V. cap. 53; Marignola in Dobneri
Monum. II. 112.

úcta Karlova netoliko k dějepravě ale i ku předmětům jejím a ke všem památkám dávných časů jest jedním z nejcharakterističtějších rysů v celé jeho povaze.

Jakožto milovník historie Karel staral se nejvíce o vzdělání dějin českých. K jeho žádosti Plichta děkan Pražský třikrát přepsal na pergamen kroniku Kosmovu ze starého exempláře, který již byl strouchnivělý a od molů požraný. [101] Několik současných spisovatelů jalo se psáti o dějinách českých, buď aby se zavděčili Karlovi, anebo k jeho výslovné žádosti i s jeho podporou. Jedna z těch kronik, psaná podle úmyslu císařova od jakéhos notáře Oty, ztratila se. [102] Ku pobídnutí Karlovu psal Pražský kanovník František pokračování své kroniky české (1341—1353); z letopisů starších kompilovali kroniky Neplach opat Opatovický a Přibík Pulkava; i cizinec Jan Marignola, ač uznával nespůsobilost svoji k tomu, ku přání císařovu nutil se do historie české. Nejdůležitější z dějepisců Karlových jest Beneš Krabice z Weitmile, kanovník Pražský, pro něhož Karel dal sbírati staré kroniky i listiny. Na neštěstí však Karlovi při všem hledání nepodařilo se nalézti spůsobilého spisovatele, který by stačil dokonale vypsati život a vládu tak znamenitého panovníka. Žádného druhého Petra Zbraslavského, žadného Villaniho nebylo v Čechách! Nehoda tato spůsobila nenapravitelný nedostatek v dějezpytu doby Karlovy. Ani Beneš nevynikl nad prostředního kronikáře, a spis Marignolův není téměř k žádné potřebě. Ke spisování souvěké historie byl nade

---

[101] Neplach u Dobnera Mon. IV. 103.
[102] Palacký, Würdigung 203; Friedjung 230, 235 — 7.

všechny ty letopisce spůsobilejší Karel sám; jen škoda že životopis svůj nedovedl dále než do r. 1346, kdy samostatné jeho panování se počínalo.

O úctě Karlově k dávnověkým tradicím svědčí skutky, kterými vyznamenal kolébky knížecího rodu českého, Vyšehrad a Stadice. Starobylá pověsť, že Přemysl Oráč pocházel ze Stadic nad Bělinou, zachovala se u Čechů vždy v živé paměti. Vlastenecký Dalimil trpce vytýká králi Vácslavovi I., že prý po svém korunování počal se styděti rodem svým, i kázal prý rozehnati ze Stadic osadníky, rod svůj, a ves tu dal Němcům. Nechť tato příhoda jest pravdivá nebo smyšlená, důtka Dalimilova je vždy důkazem, s jakou pietou Čechové ještě na počátku 14. století nesli se k původišti rodu Přemyslovského. Karel v souhlase s tímto vlasteneckým citem rozpomenul se na Stadice v zajímavém listě, jejž vydal ve prospěch tamějších dvou dědiců, t. j. svobodných sedláků. Předkové jejich nenáleželi pod žádnou vrchnost, jsouce toliko králi poddáni, ale král Jan odevzdal je Jindřichovi z Lipé v poddanství. Karel dne 12. května 1359 osvobodil je od této vrchnosti ano i od berně zemské, toliko jim ukládaje, aby opatrovali ořechový keř, jejž Přemysl Oráč dle pověsti tam zasadil, a aby z něho každoročně odváděli ořechy do Prahy ku královské tabuli. Obyčej ten dochoval se poněkud až do minulého století, kdež r. 1723 přinešeny byly ořechy z Přemyslova keře ku korunování Karla VI. na království České.

Knížecí sídlo na staroslavném Vyšehradě spustlo a zaniklo již okolo r. 1200, a potom celý hrad skrze půldruhého sta let hynul. Karel postaral se o nové povznešení Vyšehradu; dalť jej opevniti novou zdí, (jejíž částky dosud stojí), dosazoval tam opět purkrabí, zřizoval manství Vyšehradská, t. j. některým manům královským ukládal vojenskou povinnost k tomu hradu, a dal si tam vystavěti nový dům, ve kterém by dvůr královský mohl při jistých příležitostech pobýti. Úcta k blahopověstnému sídlu Libušinu a snaha o obnovení jeho slávy jeví se také v Řádě korunování králův Českých, jejž Karel podle vzoru korunovacího ritu francouzského složiti dala k budoucímu zachovávání uveřejnil; dle toho řádu slavnost má se počíti modlitbami na Vyšehradě, a odtud král s průvodem má se odebrati zpět na hrad Pražský ku korunování.

Karlova úcta k svatým a jich ostatkům pocházela tuším netoliko z pobožnosti, ale i ze živého citu historického, jenž dával Karlovi vážiti si všech památek starobylosti a obdivovati se vzorům ctnosti, o nichž vypravovala historie a tradice. A jako Karla zajímala dějeprava každého národa, o českou však pečoval nejúsilovněji: tak také vážil si světců a jich ostatků z celého křesťanstva, avšak českých patronů byl ctitelem obzvláště horlivým. Srdce jeho objímalo celý jemu známý svět, svoje však miloval nejvíce. O úctě sv. Vácslava bylo již dotčeno. Zvláště jest pozoruhodno, kterak Karel zvelebeval úctu učitelů církevních, kteří v nejstarších dobách získali si zásluhu o obrácení Čechů nebo Slovanů vůbec na víru křesťanskou, anebo o kterých takové domnění za jeho věku panovalo. Památka apoštolů slovanských, sv. Cyrilla a Methoda, zachovala se v Čechách vždycky, ale za věku Karlova vyskytují se o nich ve zdejších spisech hojnější zprávy nežli dříve, jež sem přinešeny byly nepochybně od mnichů slovanských. Čechové patrně počínali svých prvních věrozvěstů více si vážiti. Že Karel byl toho všeho původem, ukáže se níže; zde budiž toliko dotčeno, že biskup Jan ze Středy, někdy kancléř císařův, na synodě Kroměřížské r. 1380 nařídil, aby svátek sv. Cyrilla a Methoda slaven byl v Moravě vždy 7. března.[103] Rovněž přičiněním Karlovým uváděna byla do českých zemí úcta sv. Jeronyma, a to z té příčiny. že se o něm tehdáž věřilo, jakoby byl přeložil svaté písmo také na jazyk slovanský, a tudy jakoby byl nejprvnějším slovanským apoštolem; což byl ovšem omyl, neb od sv. Jeronyma pochází toliko latinský překlad bible. Jan ze Středy i v tom šel úmyslům svého pána vstříc, a k žádosti české královny (tedy před r. 1355) napsal latinský životopis sv. Jeronyma; týž životopis vzdělal i po německu.[104]

Uvažováním toho, jak Karel liboval sobě v upomínkách historických, octli jsme se na prahu otázky, *kterak Karel choval se k národnosti a řeči české?* Tato otázka byla často přetřásána se strany české i německé, a odpovídáno k ní od Němců téměř vždy, a od Čechů dosti často v ten rozum, že Karel byl víc Němec nežli Čech, a panování jeho v Čechách že prospívalo živlu německému a nikoli českému. Úsudek tento zakládán byl dílem na několika faktech pravdivých, dílem pak na smyšlenkách pošlých z neznalosti věci; naproti tomu jiná fakta pravdivá ale tomu odporující byla opomíjena.

---

[103] Friedjung 161—167; Volný, Olmützer Erzdiöcese I. 41. Však již o 300 let dříve byl v Moravě slaven svátek sv. Cyrilla a Methoda, čehož důkazy našel v poslední době p. dr. Beda Dudík.

[104] Volný, Olmützer Erzdiöcese I. 40 nota; Friedjung 114.

Pravda jest, že z kanceláře Karlovy vycházely listy většinou latinské, menšinou německé, a žádné české. Pravda jest také, že Karel přál některým spisovatelům německým, a o německém překladě jednoho spisu jest dosvědčeno, že byl učiněn k žádosti Karlově; naproti tomu nemáme přímého důkazu o žádném spisu českém (ač to u několika jest pravdě podobné), že by byl vznikl Karlovi k vůli. Jest teda dokázáno, že Karel byl příznivcem literatury německé, a může se říci, že miloval němčinu; však by to byl také podivný a špatný císař Německý, který by jazyka Němcův nenáviděl a o literaturu jeho nepečoval.

Dále však jest to již křivá smyšlenka, že by Karlovo panování bylo prospívalo národnosti německé na ujmu české, čili že by živel německý byl za jeho vlády v Čechách se rozmnožil.[105]) Pravý opak toho jest pravda; a vysvitne to každému, kdo srovná vespolek dvoje rozdílné postavení, ve kterých se nacházela čeština za posledních Přemysloviců na počátku 14. století, a zase za krále Vácslava IV. na sklonku téhož století. Přemyslovici ve 13. století země české silně zněmčili uváděním Němců do nových vesnic, zakládáním měst jen pro německé příchozí, a přijetím němčiny za módní řeč při dvoře. Účinek byl takový, že okolo r. 1300 již šlechta česká počala vydá-

---

[105) Mylné to mínění bylo se strany německé tuším poprve vysloveno v kronice citované Huberem Reg. XXXIV, a nejnověji na licho dovozováno Friedjungem 117—119; na straně české upadli v týž a ještě hrubší omyl již r. 1437, viz Palackého Děj. III. 3. 270, a Dudíkův spis Ceroni's Handschriften 410; odtud pak osvojil si totéž mínění Jungmann v Hist. liter. české 24, a z něho poněkud Sabina 315.

vati listiny německé vedle latinských, po českých pak není nikde stopy. Ale ku konci 14. století páni mezi sebou uzavírali smlouvy české a přiměli i krále Vácslava IV., že kancelář jeho počala vydávati listiny české; v tom ohledu jednota panská učinila skutečný obrat. A města v Čechách, při založení osazená Němci, byla prvotně ovšem německá. Ale během 14. století rozmohl se český živel ve městech tak, že v některých nabyl převahy a dostal se k úřadům, v jiných pak k tomu nescházelo mnoho. Co se týče Prahy, prof. Tomek dokázal podrobným vyhledáním a sečtením jmen, že za panování Karla IV. a Vácslava IV. tvořili zde Čechové dobré dvě třetiny obyvatelstva. A téhož výsledku dopočítal jsem se mezi členy tehdejšího bratrstva malířského v Praze, že totiž poměr Čechů k Němcům byl v něm jako 2 : 1.[106]) V tom mělo založení Nového Města rozhodný účinek; neboť Karel založil to město ne výhradně pro Němce, jakž činili jeho předchůdci, nýbrž bez rozdílu pro každého, kdo se chtěl zde usaditi; následek toho byl, že Nové Město Pražské bylo hned od prvopočátku ohromnou většinou české, němčiny neužívalo se v něm nikdy při úřadě; a česká ta obec, jsouc nejčetnější, účinkovala i na ostatní města Pražská ve smyslu českém. Čeština za věku Karlova patrně počala se domáhati všech těch čestných míst, která jí přirozeně náležela, a která jí dotud byla strojeně zadržována. Okolo času úmrtí Karlova vyskytají se první české listiny, kterých potom za panování Vácslavova rychle přibývalo. Kterak v době Karlově člen panského rodu a hodnosta duchovní obešel se

---

[106]) Tomkův Děj. Prahy II. 512—519. — Osvěta 1877, 335.

v Čechách bez němčiny, toho zajímavým příkladem jest Půta z Potštejna, syn Mikuláše zahynulého r. 1339. Ten byl od r. 1358 děkanem kapituly Olomoucké, vedle toho kanovníkem Pražským, a v letech 1369—1379 arcijahnem Pražským; potom r. 1379 obdržel od papeže (rozumí se k žádosti krále Vácslava) biskupství Münsterské ve Westfalích, jež pro svou úplnou neznalost němčiny musel brzy opustiti a za Zvěřínské biskupství v Meklenburku vyměniti.[107]

Slovem: Němčinu rozplodili v Čechách poslední Přemyslovici, a za Lucemburkův čeština domohla se svého práva. I kdyby nedalo se dokázati, že Karel podporoval proměnu tuto, kdyby pouze tolik bylo jisto, že nepřekážel věcem v jich přirozeném běhu, i pak mohli bychom s vládou Karlovou v té stránce býti spokojeni. Za celých těch tisíc let, co trvá boj mezi slovanstvím a němectvím o tuto zemi, nikdy nebyla věc česká na lepší cestě a nekráčela vítězněji k svému cíli, (vyjma toliko dobu husitskou), nežli za panování Karla IV. a jeho syna Vácslava. Ano národní převrat v husitství nebyl by možným býval, kdyby mu předešlá doba byla neupravila cesty. V letech 1420-4 města dle nátěru německá změnila se šmahem a náhle v česká, a dostačil k tomu útěk několika málo německých rodin. Kdyby nebylo té předešlé nenáhlé proměny, byl by Žižka musel býti divotvorcem, aby z tisíců a tisíců německých měšťanů ruky obrácením nadělal Čechů.

Krom toho dá se však dokázati, že Karel cítil se býti Čechem a přál národnosti české. Při

<hr>

[107] O nejstarších českých listinách viz Čas. č. Mus. 1860. 22. — O Půtovi z Potenštejna Tomkův Děj. Prahy III. 169, a Lindner, K. Wenzel, I. 220.

tom důkaze pomineme všechny domysly, třeba sebe
více pravdě podobné, ku př. že se to dálo nejspíš
z nařízení Karlova, když překládaly se do čeština
latinské spisy, jichž on byl přímým nebo nepřímým
původcem; jako Životopis Karlův, Řád korunování,
Majestas Carolina, kronika Puľkavova a j. v. To-
liko dosvědčená fakta ať mluví.

Ačkoli Karel po otci byl původu německo-
francouzského, i ačkoli vzdělání obdržel v Paříži
a byl císařem německým, přece cítil se býti pře-
devším potomkem českého rodu Přemyslovského
a Slovanem. Kterak v životopise svém s hrdostí
se hlásil k českým předkům svým, bylo již do-
tčeno (str. 168), a v týž smysl svědčili i proti-
vníci jeho, namlouvajíce r. 1335 králi Janovi, že
by Karel, „poněvadž jest domácí rozenec z kmene
králův Českých a Jan cizozemec,“ mohl jeho vy-
puditi z království. [108])

Karel zapomněv ve Francii česky, po návratu
do vlasti pociťoval to bolestně, a vynakládal hned
velkou píli, aby znova se přiučil své mateřštině;
i dosáhl toho, jakž sám praví, tou měrou, „že jsme
mluvili a rozuměli *jako jiný Čech*. Z boží pak
milosti netoliko česky, ale francouzsky, vlasky,
německy a latině tak mluviti, psáti a čísti jsme
uměli, že jeden jazyk z těch jako druhý ku psaní,
mluvení, ke čtení a k rozumění nám byl hotov.“
Teda Karel pokládal se za Čecha, řka, že mluvil
česky jako jiný Čech. Podobně arcibiskup Jan
Očko, když v pohřební řeči chválil Karlovu zna-
lost jazyků, podotekl o češtině, že mu byla ja-
zykem přirozeným (naturalis).

Mezi důvody ke zřízení arcibiskupství Praž-

---

[108]) Beneš 308.

ského byl od Karla i ten uveden, že obyvatelé království Českého hovoří řečí slovanskou, kteráž jest rozdílna od německé a arcibiskupovi Mohučskému teda nesrozumitelná.

Do klášterů cisterciáckých v Čechách bývali od představených dáváni a bráni cizozemci, a Čechovi bývalo těžko dostati se do nich; Karel již na konci r. 1348 psaním ku generálnímu opatu toho řádu opřel se tomu zlozvyku a žádal o jeho nápravu.

V kostele Panny Marie v Cáchách Karel založil 30. pros. 1362 oltář sv. Vácslava a nadal při něm kaplana, jenž musel býti rozený Čech anebo aspoň dokonale mluviti česky, aby mohl zpovídati české poutníky.

O řeči české a slovanské vyslovoval se Karel pochvalně, a okázale prokazoval jí čest netoliko mezi Slovany, ale i mezi Němci. V Dolejším Ingelheimě nad Rýnem (nyní v Hessensku) založil 14. ledna 1354 ke cti sv. Vácslava a sv. Karla klášter augustinský, jehož mniši byli · tam dosazováni z Karlova v Praze a museli býti rodilí Čechové, milého jazyka českého (amabilis linguae Boemialis). V tom spůsobu trval tam český ten klášter až do reformace.[109])

V příčině slovanské uvědomělosti Karlovy jest velice zajímavé založení *slovanského kláštera* v Praze. Karel patrně chtěl jednak oslaviti památku všech slovanských věrozvěstů, jednak částečně obnoviti slovanskou bohoslužbu v Čechách, která zde prvotně panovala. Již v době markrabské obrátil se v té příčině s prosbou ku papeži Klimentovi VI.; dů-

---

[109])Huber 1752; Hanuš, Quellenkunde 27; Balbini Misc. VII. 156.

vody, kterými svou prosbu podporoval, byly však jiné nežli pravé pohnutky a účely, jež nepochybně měl na mysli. Přednášelť papeži, kterak prý u Jihoslovanů jsou mnozí katoličtí benediktini obřadu slovanského, jejichž klášterové ve válkách spustli, tak že mniši, nemajíce útulku, nemohou sloužiti ani Bohu ani křesťanům. V království pak Českém, kdež lid jest téhož jazyka, jsou prý mnozi odtrženci a nevěrní, kteří když svaté písmo vykládá se jim latinsky, nechtějí prý rozuměti, ani nemohou snadno na víru křesťanskou obráceni býti; k čemuž by ti slovanští mnichové byli velice užiteční. Na tom základě prosil markrabí Karel papeže, aby slovanští mniši mohli v království Českém některá místa si vyvoliti, kde by bydleli, kázali a mši dle ritu svého sloužili. Patrně teda Karel žádal za obecné svolení k osazování slovanských mnichů kdekoli po Čechách. K tomu odpověděl papež 9. května 1346, že on neznaje těch přednešených věcí, dověřuje arcibiskupovi Arnoštovi a uděluje jemu moc, aby dovolil slovanským mnichům usaditi se a zachovati svůj od církve schválený ritus v Čechách, ale toliko na jednom místě.[110])

Karel hned roku příštího užil tohoto obmezeného dovolení k založení slovanského kláštera na Novém Městě Pražském. Že by slovanští mniši měli zde obraceti na víru nějaké odštěpence a nevěřící, zatvrzelé proti latině, o tom není nikde více řeči. Úmysly Karlovy lépe vysvítají ze zakládací listiny řečeného kláštera, dané v Norberce 21. listopadu 1347. Karel v ní praví, že

---

[110]) Bulla i zakládací listina u Pelzela, K. Karl, I. Urk. p. 90 sl. — Srovnej Hilferdingův spis: Hus, jego otnošenije k pravoslavnoj cerkvi, str. 32.

papež k jeho žádosti dal arcibiskupovi dovolení, aby zřídil v Praze klášter, v němž by mnichové „sloužili službu boží toliko v jazyku slovanském pro čest a na památku sv. Jeronyma, výtečného překladatele sv. písma z hebrejštiny do jazykův latinského a slovanského, ze kteréhožto slovanského jazyka řeč našeho království Českého vzala počátek." Pročež Karel s vyprošeným dovolením arcibiskupským zakládá klášter „ke cti a na jméno svatých Jeronyma, Cyrilla, Methoda, Vojtěcha a Prokopa, patronův království Českého," ve kterém by mnichové řádu sv. Benedikta konali po všechny časy bohoslužbu noční i denní „toliko v jazyku slovanském ku památce a cti sv. Jeronyma, by on v tomto království byl jakožto mezi lid svůj a do vlasti své navrácen a slaven."

Tu máme pehromadě slovanské věrozvěsty, jimž náleží zásluha o pokřtění Čechův; že k nim byl počítán na prvním místě sv. Jeronym, ten omyl nic nevadí co do úmyslů Karlových, nýbrž jen zřetelněji je objasňuje. A v klášteře měl býti slaveu Bůh toliko jazykem slovanským, jejž do bohoslužby uvedli sv. Cyrill a Method, a jejž v ní pěstoval sv. Prokop. I sv. Vojtěch, ač latiník, dosti dobře se hodí k těm upomínkám na obrácení Slovanův k víře křesťanské.

Papež Kliment VI. obmezil slovanskou bohoslužbu toliko na jediné místo v Čechách. Karel však vymohl si později rozšíření té koncesse aspoň pro svou osobu. Innocenc VI. dne 28. prosince 1359 dovolil slovanským benediktinům, aby u přítomnosti císaře i mimo svůj klášter konali všechnu bohoslužbu v jazyku slovanském.[111]

---

[111] Huber Päpste 62, ale v příčině benediktinů u sv. Ambrože jest v tom regestě patrná chyba.

Karel daroval slovanskému klášteru staro-slovanský překlad čtení evangelických, psaný literou cyrillskou; o tom starém rukopise bylo podání v Čechách, že jej psal sv. Prokop vlastní rukou, (což Miklošič sice vyhlásil za omyl, ale ničím toho nedokázal). Zprávu o tom darování i o dotčené tradici poznamenali slovanští mnichové r. 1395 písmem hlaholským, jehož užívali. Z poznamenání toho, psaného míchanou řečí církevně-slovanskou a českou, lze souditi, že byli přijímáni také Čechové do toho kláštera, kterýž tudy nebyl pouze útulkem mnichů chorvátských. Později to evangelium dostalo se přes Cařihrad do Francie, kdež ho užívali při korunování králů v Remeši.

V prvních letech kláštera slovanského opisoval v něm jistý písař Jan legendy a písně, jichž tam potřebovali. Císař vykázal mu 26. srpna 1356 stálý plat za to opisování knih, kteréž byly psány, jakž se dí v té listině, „ušlechtilou (nobilis) řečí slovanskou.“

Ve psaní k slavnému caři Srbskému Štěpánovi Dušanovi Karel hrdě hlásí se k svému původu slovanskému. Štěpán Dušan chystal se k tažení na Cařihrad, aby dokonal výboj říše Byzantinské; proslýchalo se také, že jest ochoten sjednotiti se s církví západní. Z té příčiny psal mu císař Karel z Pisy 19. února 1355, projevuje radost svou nad tím úmyslem. Pravil mezi jiným, že se těší ze štěstí každého člověka, ale obzvláště z jeho, svého drahého bratra, s nímž jest „účasten téhož ušlechtilého jazyka slovanského.“ neb oba jsou zrozeni „z téhož vznešeného národa;“ krom toho oba jsou prý spojeni jednou sladkou útěchou,

neb i v Karlově zemi slouží se mše a koná se
bohoslužba v jazyku slovanském.

Ve shodě s tímto slovanským smýšlením také
Italian Marignola nazývá Karla oslavou Slovanstva.
Chtěje lichotiti jemu, míní, že proroctví Libušino
vyplnilo se na něm; neb která prý „může býti
větší oslava lidu slovanského, než plod slovutný
jasné Elišky, Karel císař Římský, dědic království
Českého?" [112])

Zlatá Bulla vydaná císařem Karlem v říši
Německé nařizuje ve svém závěrku, aby synové
světských kurfirstů vyučili se z mládí jazykům
italianskému a slovanskému, poněvadž prý říše
Římská obsahuje rozličné národy, a jednává se
o jejich záležitostech také v oněch řečích; což na
onen čas bylo pravda, aspoň rada královská v Če-
chách za Karla i Vácslava jednala také o zále-
žitostech říše Německé.

Majestas Carolina (19) zapovídá, aby k sou-
dům v Čechách nebyl dosazován nikdo, kdo by
neuměl mluviti „řečí českou, kterouž jmenujeme
slovanskou;" ovšem se dopouští výjimka, když by
král z obzvláštní milosti někomu pro zásluhy nebo
pro zběhlost v písmě chtěl úřad uděliti.

Až do časů Karlových v Praze i v jiných
městech královských Němci sami držívali úřady
obecní. Když obyvatelstva českého přibývalo v mě-
stech, Čechové dovolávali se přirozeného práva
svého ve vlastní zemi, a tu král vystoupil jakožto
mocný rozsudí ve prospěch živlu odstrkovaného.
Císař Karel vydal totiž nařízení ku Pražanům, aby
napotom právní pře u soudu jejich jednány byly
po česku a konšelé aby vydávali o nich české

---

[112]) Dobner, Mon. II. 133.

rozsudky; pročež aby napotom pouzí Němci, kteří by česky neuměli, nesměli býti konšely; jakož i aby Němci zde přebývající dávali děti své učiti česky. Při veliké samosprávě měst královských našli však Němci brzo prostředky, aby to nařízení se obcházelo; němečtí konšelé Staroměstští nejspíš schválně nedali to nařízení ani vepsati do kněh, i zachovaly se o něm toliko zprávy pozdější, ale věrohodné. Jedna jest od Jana Husa, jenž při té příležitosti nazývá Karla „svaté paměti," druhá od Pavla Židka. Obě se shodují a doplňují. Židek nejspíš cituje vlastní památná slova listiny Karlovy: „Aby jazyk velebný český Českého království, v kterém milý svatý Vácslav, svatý Vojtěch, svatý Prokop pána Boha chválili jsou, i proto aby člověk cizího jazyka přišlý nevelebil se více nad jazyk český a v pýše své dědicův země České nepotlačoval, přikazujem, aby víc Němci pouzí na radách nebyli, ale Čechové, a také v Čechách kdo chce obývati, aby děti své k české řeči drželi; proto se jim nad to jiných řečí uměti nebrání.[113])

Že v domácnosti Karlově užívalo se také řeči české, i na to máme jistá svědectví, jmenovitě o ženských, u kterýchž spíše mohlo by se to bráti v pochybnost nežli u mužských. Neb u synův císařových i u jeho moravských bratrovcův rozumí se samo sebou, že uměli česky.

O první manželce Karlově, Blance Francouzské, svědčí Petr Zbraslavský, že přišedši r. 1334 do Čech, počala se učiti „jazyku německému, a více se v něm cvičívala nežli v českém; neboť skoro ve všech městech království i před králem

[113] Tomkův Děj. Prahy II. 516.

obecnější jest užívati jazyka německého nežli českého v dobu tuto," totiž okolo r. 1334. Zdá se, že to u Blanky nešlo rychle s češtinou ani s němčinou; neboť týž letopisec zmiňuje se při počátku r. 1336, když druhá manželka krále Jana Beatrix přišla do Prahy a obcovala zde s Blankou, že „kdo neumí francouzsky mluviti, nemohl by s nimi pohodlně se baviti." Během času mohla ovšem Blanka naučiti se obojí zdejší řeči lépe.

Ostatní tři manželky Karlovy byly rodilé Němkyně, leč že by Alžběta Pomořská po matce své Alžbětě Polské (dceři krále Kazimíra) mohla z domova uměti také polsky. Knížata slezští i pomořští byli toho času již poněmčeni, a leda křestná jména (Boleslav čili Bolek Svídnický a Boguslav Pomořský) ukazovala ještě na jejich slovanský původ, kterému již předkové jejich se odcizili.

Anna, první dítě císařovny Alžběty, vdala se r. 1381 ve věku patnácti let za Richarda II. krále Anglického. O této princezně české a královně Anglické svědčí Wikleff, že měla u sebe v Anglii „evangelium v trojí řeči napsané, totiž v jazyku českém, německém a latinském." Z toho můžeme souditi, kterým řečem učily se děti císaře Karla; čeština u Anny padá obzvlášť do váhy, neb dcery císařovy nebyly vychovávány ku panování v Čechách, nýbrž ke vdání do ciziny.

Císařovna Alžběta po smrti manželově žila ve Hradci Králové 1378—1393. Jeden z jejích tamějších dvořanův, jenž si dal jméno Tkadleček, sepsal český spis, v němž hořekuje nad tím, že milenka jeho, dvořanka Adlička, vdala se mu za jiného. Spis ten jest patrným důkazem, že u vdovského dvora ve Hradci mluvilo se česky.

Po císařovně Alžbětě, poslední manželce Kar-

lově, zachovaly se při obci Královéhradecké ně-
které drahocenné věci, které v naší příčině jsou
nad míru památné, poskytujíce nám takořka po-
hled do domácnosti Karlovy. Jest to ženský hed-
bávný pás s bohatým stříbrným kováním, vážící 72
dekagrammy, a 24 lžíce z jalovcového dřeva se
stříbrnými řapy čili držadly.[114]) Kování pasu i řapy
lžic jsou ozdobeny pěknými gravurami i drahými
kameny, a také opatřeny nápisy. Na 16 lžicích
jsou nápisy české, na 3 latinské, na 5 scházejí;
tyto nápisy obsahují dílem kratičké modlitby anebo
mravoučná pravidla, ku příkladu: Ave Maria etc.;
Pane Bože rač požehnati toto jedlo; Pane Bože
pomodiž svému nehodnému sluze; Kdož miluje
čest, hoden milování jest nad jiné. — Na páse jsou
průpovídky milostné, a to jen české, zejména: *Na
tom světě žádná jiná;* pak

> Nenieť div že túžím,
> Neb ze všech najkrasšej slúžím.
> Mój milý, netuž mnoho,
> Ač chceš, však máš pro koho.

Zanechala-li tyto skvostné památky ve Hradci
císařovna Alžběta, jakž učí hodnověrná tradice,
pak nemůže býti pochyby, že ty lžíce pocházejí
z domácnosti Karlovy, a pás že obdržela císařovna
od svého manžela. Neb ze svého pomořského do-
mova ani odjinud z ciziny nemohla Alžběta při-
nésti těch skvostů, poněvadž mají nápisy české;
rovněž jde na rozum, že když císařovna ovdoví,
vezme s sebou z dosavadní domácnosti drahé lžíce
do vdovského sídla, a nových pak již nepotřebuje;

---

[114]) Zevrubný popis těch starožitností najde se v Památ-
kách arch. II. 180, chatrné vyobrazení u Bienenberga,
Königgrätz.

konečně milostný obsah nápisů na páse nasvědčuje tomu, že to jest dar od manžela.

A tak vzácné starožitnosti Hradecké vedou nás k úsudku, že císař Karel IV., ač v písemném úřadování užíval latiny a němčiny jako jeho předchůdci v Čechách, přece v domácnosti své, kde nepotřeboval spravovati se ničím jiným než lnutím srdce svého, nejraději měl češtinu. Jsa země České zvelebitelem a oslavitelem, byl i upřímným Čechem.

Rejstřík.

218

Jan král Český 1—12, 15—21, 23, 24, 26, 28, 32—36, 38
   až 40, 42—52 †; 65, 71, 73, 104, 126, 148, 168, 198, 207.
Jan syn Karla IV. 103, 112, 113.
Jan Jindřich, syn kr. Jana 18, 26, 31, 33, 39—41, 43, 47,
   64, markr. Moravský 65, 77, 84, 88, 89, 103, 112, 148,
   153, 157.
Jan Soběslav markr. Mor. 103, 112.
Jan XXII. pap. 10, 11, 45.   Jan král Franc. 27, 94.
Jan z Dražic biskup Pražský 1.
Jan Očko arcibiskup 93, 94, 97, 99, 117, 170, 172, 173
   180, 198, 207.
Jan ze Středy 93, 94, 198, 203. Janov v Italii 50, 98.
Jaroměř 174. Javorské knížectví 70, 99; kníže Jindřich 15;
sv. Jeronym 203, 210. Jindřich VII. císař 8, 9, 73, 128, 135.
Jindřich vév. Bavorský 7, 26.
Jindřich Korutanský 2, 4, 18, 26, † 31.
Johanna manž. Vácslava IV. 101, 105.
Jošt markr. Mor. 103, 112, 113.
Kališ, 47.   Karel Veliký 66, 67.
Karel (IV. císař) jinak Vácslav 1, 10, Čtvrtý i První 115,
   jeho manželky a děti 190; spisy 176, 197, 201; životopis
   24; autografy 178; ostatně viz Přehled obsahu str. IX.
Karel IV. král Franc. 8, 10, 11, 12, 14, 15; V. 108, 109.
Karel Robert král Uherský 32.
Karlík hrad 165, 187.
Karlsberg 187.   Karlshaus 165, 187.
Karlštejn 22, 64, 66, 80, 165, 171, 183, 187, 190, 193.
sv. Kateřiny den 20, 21.
Kateřina dcera Karla IV. 56, 65, 82, 88, 99, 100.
Kazimír král Polský 32, 47, 48, 70, 84, 86, 88, 99, † 101,
   148, 214.
Kladsko 92, 150,
Kliment V. pap. 135; VI. 41, 43—5, 48, 60, 69, 126—8,
   130, 131, 208—10; VII. 116.
Kobylky 198.   Kolín u. L. 164.
Koruna česká Svatovácslavská 54.
Korunování Karlovo české 55, něm. 53, 64, lombardské
   73, římské 74, arelatské 95; Vácslavovo české 86, ně-
   mecké 105—7, 138.
Korunování českého Řád 202. Korutany 18, 32, 33, 41, 66.
Kostelec nad Orlicí 38. Kouba 7. Krakov 48, 86, 88.
Kreščák 50.   Křivoklát 5, 6, 29, 189.
Křížová výprava 15, 34, 47. Krones historik 123—4.
Krucburk ve Slezích 70. Kubín 104, 112. Kurfirsti 132.

CPSIA information can be obtained
at www.ICGtesting.com
Printed in the USA
BVHW090812051118
532194BV00023B/1144/P